ことばが紡がれるとき

対人関係職の「専門性」を高めるために

兵藤智佳［編著］

佐野香織／藤田景子／千野洋見／黒岩理絵
石丸徹郎／加藤力也／大島　岳［執筆者］

成文堂

はしがき

私たちの社会の中には、多くの場所で誰かの体験に耳を傾け、他者とつながるための言葉を引き出し、個人が社会に拓かれる場をつくっている人たちがいます。そして、彼らの「専門家」としての実践とそれを支える知の世界は私たちが生きる社会に存在している可能性であり、その技術と価値を「専門性」として伝えるのがこの本の目的です。

この本をつくるにあたり、私は、以下の信念を持っており、そのことを読者とともに考えてみたいと思っています。

—他者とつながり、個人が社会に拓いていくためには、感じたこと、考えたことを自分の言葉で語らなくてはならない
—自分の言葉にしていくためには、心揺すられる体験がそのきっかけとなる。
—体験を語るためには、言葉を引き出す場と働きかける他者がいる。
—言葉にならないものを言葉にしていくためには、相手との関係性が必要である。
—関係性の構築のプロセスには、「専門性」がある

本書では、これらのことを著者たちと共有し、対話を重ねてきました。著者たちは、教育や医療現場などで、対人関係に携わる実践家や研究者たちであり、私たちの実践を記述した本書は、教員、医療従事者、カウンセラー等、日々、対人関係に関わっている方たちやそうした専門職になるために学んでいる方たちの実践に役立つことを目指しています。役立つというのは、それぞれの現場における対人支援のスキルや方法を知るだけではなく、読者の方々が日々の実践をふりかえり、やっていることの新たな意味を見つける、さらなる議論のきっかけになるといったことです。読者が、日頃、自分が所属する分野やコミュニティーではない分野の実践を知ることで、体験と

言葉という視点から共通する価値や普遍性を感じ、自らの実践を相対的にとらえる視点を得ることも期待しています。

なぜ、私たちは自分の言葉で私の体験を語らなくてはならないのでしょうか。
孤立、分断、疎外が社会のいたるところで問題となる中で、多くの人が「つながる」ための方法を求めています。しかし、実際は、多くの人が誰ともしっかりとつながっていないし、自分がどういう人間であり、誰とどうしたいのかがよくわからないのだと思います。そうした人々の内面には、「私は、何者として他者とともに、どうこの社会を生きるか」に対する不安と焦りが避けられないものとして存在しているようにも思います。そのわからなさや自信のなさは、現実世界に対峙する足場が揺らぐような実存への不安にも思えます。
また、コロナ禍によるオンラインでのコミュニケーションは、こうした不確かさを増幅させています。技術の開発は、ツールとしての新しい選択肢をもたらす一方で、「言葉と身体」を問い直す契機ともなりました。個人がその体験を語ること、記号としての意味だけではない「言葉」を聴くことの価値は、コロナ禍を経て、さらに議論が深まる必要があります。
私たちは、他者と共に生きるために語る必要があるのだと思います。「私に起きたこと」、「私が感じたこと」、「私が考えたこと」を語る営みは、言葉を通じて自分を知り、他者とつながり、自分と世界とをつないでいく実践でもあります。そして、体験を言葉にするためには、そのための場と働きかけが求められます。言葉になっていないものを言葉にするためには、誰かに問いかけられ、その声を聴いてもらわなくてはならないからです。

私は、これまで大学教員としてボランティア活動を通じて大学生たちが、体験を語るための実践と研究を続けてきました。彼らが借り物の言葉ではなく、自分の言葉で本当に感じたことを語るための場と方法論が必要だと感じてきたのです。そして、私の模索を支えてきたのは、これまで私が出会ってきた多くの「専門家」たちによる対人支援の実践です。

例えば、DV 被害者支援の場では、「専門家」たちがつくる空間に導かれ、被害者たちが暴力の体験を語っていました。そして、自分の痛みを語る言葉が、その場にいる私に「あなたに起きたことは、あなただけの問題ではない」という実感をもたらしました。言葉を通じて、体験を語る当事者は、そこにいた人たちとつながっていたし、私を含めた誰かの言葉に耳を傾けている人たちも孤独ではなかったのです。そこにあったのは、語り、聴くことで共有する一人ひとりの存在の確かさでした。DV 被害者だけでなく、私がこれまで関わってきた対人支援の実践には、精神の病を持つ人たち、障がい者、社会的に弱い立場に置かれる人たちなど、その他にも多様にあります。弱い立場や社会の周縁に置かれるからこそ、現実を生き延びるための言葉とつながりが必要とされているのです。

教員、医療従事者、カウンセラー等、対人関係に関わる「専門家」には、当事者たちの言葉にならない思いを含め、その言葉に耳を傾け、言葉を引き出す技術と信念があります。彼らは、学生、患者、クライアントなどの言葉を引き出そうとするし、自らもまた、その人の言葉に応答しようとしています。こうした人々が、そのためにつくり出そうとするのは、一方通行ではない、その場にいる人たちがともに言葉を紡ぎ出す場です。一方で、私は、それぞれの現場に触れる中で、彼らの目的や方法論には、多くの重なり合う部分があり、「個人が変容する可能性」、「他者とつながり、社会に拓かれていく可能性」という共通項も感じてきました。それらの価値と方法は、マイノリティが現実の社会を生き延びる手段を超えて、もっと普遍的に人がつながり、社会に拓いていくための実践につながると思ってきました。

以上のような目的に沿って、本書の第1部では、日々、多様な場で対人関係にかかわる著者たちに、まずは、自分の実践を言葉にし、記述する挑戦をしてもらいました。彼らには、各々が所属している分野で使われる専門用語や概念ではなく、できるだけ自分の言葉で「自分がやったこと」、「相手に起きたこと」、そして、「そこで起きたこと」について書いてもらっています。

7つの報告では、著者たちが実践者として、そこには、誰かの言語化を意図したときも、意図がないときも、言葉が生まれる契機と働きかけがあることが描かれます。それぞれの分野の教科書や教材などでは、「寄り添う」、「聴く」、「引き出す」といった言葉で一般的に表現されてきた行為、あるいは、専門用語としての「傾聴」や「信頼」といった概念が、具体的に実践者たちにとっては、どういった試みなのかを伝えています。彼らの実践報告からは、それぞれの現場にある個々の「専門性」と可能性が読み取れるはずです。

一方で、各々が、著者として、誰かの言葉を引き出し、言葉が生まれるための実践を記述するためは、「私をどこに位置づけて書くか」が、大きな課題です。いわゆる「専門家」として、誰かを支える立場からなのか、自分も問題の当事者として、その場にいる立場として書くのか。自分の位置によって実践を書く意味や書き方も異なるし、読者の読み方にも影響があるはずです。その課題を認識しつつも、この本では、各著者たちに、自分の書き方で書いてもらっています。「私をどこに位置づけているか」は、実践において、何を目指して、何をやっているのかと切り離せない関係にあり、そのこと自体も多様であるからです。

また、著者たちには、できるだけ具体的な事例の紹介を通じて、相手とのかかわりのプロセスとそこにある意味を描いてもらいました。取り上げている個別事例や実践の記述の方法は、各々の専門職の背景にある学術的なディシプリンの視点からは、方法論や妥当性についての批判があるかもしれません。読者によるそうした批判を承知しつつ、本書が目的としたのは、実践家たちに社会の多様な場において「誰が何を語れないのか」、「どうしたら何を語れるようになるのか」について書いてもらい、そこにある共通性や専門性をともに考察することです。その議論が日々、現場で葛藤し、模索する実践者たちに有益だと思うからです。

これらの１部の報告を踏まえて、第２部においては、改めて実践の分野を超えて、今、個人が体験を語ることの方法と意味、そして、言葉の限界や可能性に関する論考を加えたいと思います。対人関係における「専門性」とその教育は、細分化された専門分野における独自な理論と方法論を学ぶことへの志向性を高めます。本書では、そのことの重要性を否定することなく、一方で、分野の専門性を超えて、人が体験を語ること、そして、そのための場をつくることの価値や方法論についての議論や考察を行いたいと思います。

この理解は、現在、教育や臨床等の現場にいる人たち、これから「専門家」として現場に出ようとする読者にとっては、言葉を生み出すという視点から自らの日々の実践に向き合い、個々の現場を俯瞰する視座を得た上で、「どうやるか」の技術ではなく、「どうして、それが大事なのか」を踏まえる一助となるはずです。

2024年10月

兵　藤　智　佳

目　　次

第２部 「言語化する場つくり」をめぐって

第 1 部
多様な実践現場からの報告

私を位置づける言葉
—大学生ボランティア教育の現場から—

兵 藤 智 佳

一
大学生と体験の言語化

1 ボランティア体験の語れなさ

筆者は、2006年より早稲田大学平山郁夫記念ボランティアセンターという大学機関において、大学生によるボランティア活動を数多く主催している。そして、大学教員として、授業や課外活動の中で大学生にボランティアを通じた教育を行ってきた。これまで私が主催してきたボランティア活動は、DV 被害者、従軍慰安婦、障がい者アスリートなど、社会的なマイノリティの支援活動を中心とし、大学生たちが困難を抱える当事者と出会い、その声を聴き、自分たちにできる活動を模索するのが活動の柱となる。

現場におけるボランティア活動の実施に加えて、私は、大学生の教育を担う実践者として、彼らが、その体験を自分の言葉で語るための「体験の言語化」と呼ぶ実践を行ってきた。私が、大学生が自分の言葉で語る実践にこだわり、その方法論を模索してきた背景には、共にボランティア活動を行い、大学生の言葉に触れてきた中で感じてきた問題意識がある。

そのひとつが、大学生たちの体験を語る言葉のなさと語れなさである。もちろん、「あなたにとって、そのボランティアは、どういう体験だったのか」と問えば、「とても貴重な機会で、多くのことを学ぶことができました」と応える。そして、「何を学んだのか」と問えば、「マイノリティの意見を尊重し、多様性を尊重することの大切さです」とパンフレットや教科書をなぞるような言葉を言う。

多くの大学生の中に、社会的なマイノリティに関する事柄については、これを言えばよいという定型文があって、その言葉の多くは、これまで教えられてきた既存の社会規範や政治的な正しさに沿ったものだ。「差別や偏見はいけないことです。一人ひとりがもっと知識を得て、意識を高める必要があります」という正しい言葉を言うことによって、彼らがマイノリティと呼ばれる人々と出会った体験の語りは終わる。マイノリティを社会の周辺に追いやる社会のあり方についての問題は、自分の生きている世界の外にあり、自分は、問題に対してどうすればよいかを提案する人であり、その内側に自分は位置づいていない。

私は、そうした語りをする大学生は、ボランティアに参加してはいるが、その体験を通じて批判されない自分の正しさを確認しているだけではないかという違和感を持ってきた。また、誰かを助けることで感謝されたいという気持ちは、大学生たちがボランティアに参加する動機になる。しかし、私は、支える人と支えられる人という力関係性が膠着したままでは、他者との新しいつながりの形にはなりえないと思ってきた。ボランティアを通じて自分とは異なる他者に出会った体験が、自分が内面化している価値観に気づいたり、それを問う機会にならず、誰かとつながり、社会に拓いていく実践になっていないという問題意識である。

一方で、ボランティアの現場では、キャンパスを超えたリアリティが存在し、多くの大学生たちが、当事者のあり方に心揺さぶられる機会も数多く存在する。活動を通じて、自分が困っている人たちの役に立ち、感謝されるうれしさだけでなく、当事者たちが抱える現実を生きる困難さに直面し、「どうして、この人は、こんなに苦しまないといけないのか」、「本当に、この人たちのためになっているのか」という怒りや葛藤、無力感も訪れる。

そして、多くの大学生たちには、ときには、その場で黙り込み、ただ涙を流すという感性がある。ボランティアを終えて大学に帰ってきたけど、「何かモヤモヤする」という気持ちを抱え、自分でもなぜなのかよくわからないと言いながら、何度もボランティア活動に行くこともある。

そうした中で、私は、ボランティア体験を通じて大学生が他者に出会い、感じ、考えたことを自分の言葉で語る場をつくりたいと思ってきた。大学生が、すでにある誰かの言葉をなぞるのではなく、自分の中に湧き上がる言葉になっていないものに向き合い、自分の言葉を探す挑戦を支える「体験の言語化」である。

2　気持ちを語る実践

私が大学生に「体験の言語化」を実践してきた背景には、これまでかかわってきたDV被害者などマイノリティの自助グループによる活動がある。グループのミーティングでは、当事者たち一人ひとりが自分の気持ちを語ることがなにより大切である。そして、その場で紡ぎ出した言葉を通じて、参加者たちは「あなただけの問題ではない」という他者とのつながりをつくり、社会へ拓かれる機会となっていた。自分の気持ちを語ることの可能性は、私の実感として、大学生も自分の言葉で体験を語らなくてはならないという信念を支えている。

これまでボランティアセンターで主催してきたボランティア活動は、1日だけの活動から4年間、定期的に参加し続けるなど、長期の活動もある。そうした中で、私が主催してきたボランティア活動は、年度単位で比較的長期にわたり、参加する大学生たちは、10名以下のチームとして行うことが多い。そこで、私は、主として現場でのボンティア活動の後に行われる大学生のミーティングの場において、彼らの言葉を引き出す実践の方法を模索してきた。具体的な方法としては、一緒に活動したメンバーたちによるグループミーティングでのふりかえりになるが、個人に対して私と一対一での実践を行うこともある。言葉を探すという意味では、大学生たちは、「話す」だけでなく、「書く」という実践も行っている。

そこで本稿では、具体的な事例として「障がい者アスリート」のボランティアを3年間行った一人の大学生が活動最後の時期に書いた「体験の言語化」よる文章を手掛かりに、彼女がそれらの言葉を書くに至った実践のプロセスを紹介する。

車いすに乗ったアスリートたちとの活動

二
オカピの事例

1　自分の気持ちを言葉にする

オカピが参加したのは、車いすに乗った障がい者アスリートたちに対するボランティア活動だった。１年生とき、彼女はバレーボールをやってきたスポーツ好きで、大学生になったから、これまでとは違う課外活動にも挑戦したいとボランティア活動にやってきた。ボランティアは、障がい者アスリートと大学生ボランティアが一緒に合宿するという形で行われた。具体的な活動としては、障がい者アスリートたちの練習のサポート、障がい者問題に関する座談会といったプログラムであったが、夜には参加者が全員で海辺のキャンプなどを行った。大学生たちは、合同合宿の間、障がい者アスリートの食事やお風呂といった日常生活に触れ、座談会では障がいと生きる当事者たちの声を聴く。大学生は、合宿中は、事前に自分たちで計画したプログラムをこなすのに精一杯であったが、合宿が終わったあとは、大学へ帰り、大学生だけで体験をふりかえるためのミーティングを何度も行った。

こうして、その後もボランティア活動とミーティングを重ねた彼女は、活動3年目に自分のそれまでのボランティア体験を文章で書くという機会を得たことで、私と個別の「体験の言語化」に取り組んだ。

「体験の言語化」では、グループでも個別でも、参加者が体験を言葉にしていく上で、まず、最初に行うのが、一人ひとりが「ボランティア活動で自分がひっかかりを感じた場面を思い出し、そこで感じた気持ちを言葉にする」という作業である。私は、最初に彼女に自分の体験について、「活動として何をしたか。それでどうなったか」という行動とその結果の説明ではなく、不安、混乱、違和感など、心が揺れたある場面に焦点化し、そのときの気持ちを思い出し、言葉を探してもらった。気持ちの言葉は、「ヤバい」、「モヤモヤした」、としか表現できない場合も多いが、そのときのあなたの気持ちや感情が豊かに伝わる言葉を探してもらう。大学生たちは、それを「気持ちの解像度を上げる作業」と呼んでいる。

オカピは、ある場面として、合宿の夜、夕食のときに自分が一人の障がい者アスリートのお盆に乗った食器を片付け、そのときのことを翌日、座談会で彼から「僕の食器の片づけをやってほしくなかった」と指摘された体験を取り上げた。「このときに彼に言われた言葉に何か納得できなくてずっとひっかかった」というオカピの言葉に、私は、「あなたは、どういう気持ちだったのだろうか」、「どういう言葉で表現できるだろうか」と問いかける。そのときに紡ぎ出した気持ちの言葉をオカピはのちに以下に記している。

> 私は夕食後アスリートの食器を進んで片付けたのですが、それに対して「自分で片付けられたのに」と、翌日の座談会で彼に言われました。障がい者でも、できることは自分でしたかったのかもしれません。ですが、私は彼が障がい者だから手伝ったのではなく、おもてなしをしたかっただけなのです。ただのおもてなしのつもりが、それが健常者と障がい者という立場だったというだけで、おもてなしのキャッチボールが投げた途中で配慮のキャッチボールにすり替わってしまったのです。そのことに対して、ぎくしゃくした煩わしさを感じました。この時から、私は健常者と障がい者という関係に漠然と「なにか違う」と違和感を持ち始めました。(「パラスポーツとボランティア」2022年より抜粋」

オカピは、「ぎくしゃくした煩わしさ」という言葉で気持ちを表現した。気持ちが言葉になったとき、オカピは、「私はこういうときに煩わしいと感じる人間なのだ」という自分に向き合うことになる。こうした表現ができたときには、私は、彼女が「ボランティアでは、煩わしいと感じてはいけないのではないか」、「障がい者に対して煩わしいと感じる自分はダメだ」と自分で自分をジャッジしないように、「そうか、あなたは、そのとき煩わしかったんだ」とその言葉を繰り返すことで、そのときの彼女の気持ちの表現を肯定した。

2 自分の価値観を知る

こうして気持ちが言葉になると、私は、オカピに「あなたは、どうして煩わしかったのだろう」、「あなたは、相手にどうなってほしかったのだろう」と問いかける。あなたの気持ちの背後には、「こうあるべきである」「こうすべきである」というあなたの価値観や規範、信念が存在するという前提に立っての問いである。

問いに応答しようとするオカピは、おもてなしをしかったことに気づき、自分がおもてなしをすれば相手に喜ばれるはずだった期待に気づいた。しかし、現実には、障がい者である相手は自分の期待どおりではなく「本当は自分でできるのに、障がい者として配慮された」と受け取り、気分を害した。

この場面で、オカピが出会ったのは、自分とは違う価値観を生きる「他者」である。もちろん、初めて見た車いすに乗って運動場を走り抜ける障がい者アスリートと関係性を持つという意味では、彼女にとってボランティア活動は、これまで会ったことのない誰かに出会う体験である。しかし、相手とのかかわりの中で煩わしさを感じつつ、起きたことに対して自分とは違う理解や解釈を知る機会は、自分とは異なる世界を生きている「他者」との出会いである。その体験は、オカピにとっては、自分ではなく、相手の立場から「相手はどうしてそう感じたのだろう」という想像を巡らせる契機となる。

こうした場面では、多くの大学生たちは、「相手は、せっかくのおもてなしに対して感謝の気持ちも持てない性格の悪い人だから」という個人の要因を想定し、相手を攻撃してしまうことがある。また、「相手は障がい者で弱い立場なのだから、もっと自分がやさしくしなくてはならなかった」と自分を責めることも多い。どちらにしろ、「相手か自分か、どちらが悪かったのか」、「どうすればよかったか」という他者に出会った際の「正解」を求めがちになる。

そこで、私は、オカピに「障がい者として生きてきた彼が、あなたのおもてなしを配慮として受け取ったのは、これまでにどういう体験があるからだと思う」と問いかけた。自分ではなく、相手の立場や事情を考えるための問いである。そこから「彼は、できることもたくさんあるのに車いすに乗っているだけで障がい者として常に健常者に配慮されてきたに違いない」、「いろんなことが自分でできる彼は、それが嫌だったのかもしれない」と他者への想像が広がっていく。

オカピは、そうした相手の事情や価値観を想像することで、他者との間に起きたおもてなしと配慮という解釈のすれ違いに気づいた。そして、その背後にある「障がい者」や「健常者」と名づけられる人たちと、その言葉が持つ線引きの力が見えるようになった。私は、「確かにそういう線ってあるよね」とオカピの気づきを肯定しつつ、「その線ってどういうことなのだろう」、「誰が何のために分けているのだろう」とさらに問いを重ねていく。これらの問いに対して、その場で自分の考えがみつからないオカピは、「それは、よくわからない」と言いつつ、その日は終わりとなった。

3　自分を位置づける

わからなさを抱えたオカピは、その後も考え続けた。そして、大学生のグループのメンバーとも議論する中で、言葉が人を分けるという視点から、自分の生きる社会を捉えるようになる。そのプロセスを以下に記している。

> 健常者や障がい者という言葉を使うことで、その人の個性が言葉の持つイメージに引っ張られてしまうと考えたからです。他にも大学の講義で、男性と女性の両方の特徴を帯びている人や、ひとつの国にアイデンティティを持

てない多文化で育った人の存在を知ったとき、これって障がい者と健常者の話と似ていると気づきました。このようにして、人を「あれ」か「これ」に分けるのは、私だけではなく多くの人の傾向なのだと理解しました。
～中略～
障がいやそれに対する感情は単純なものではありません。分類された人は、自身の障がいに対する素直な感情とは関係なく、世間的な障がい者のイメージを背負って生きていくことになります。その人が実際できることやできないことと、彼をその人自身でなく障がい者として接する周りの「助けないといけない」という思いはすれ違ってしまいます。いつから私は、一目で人を分類しその人の生きづらさを生むような権力のある審査員になってしまったのでしょうか。(「パラスポーツとボランティア」2022年より抜粋)

こうしてオカピは、人を分ける言葉、言葉がつくるイメージなど、障がい者を巡って自分が生きる社会に存在する問題に気づいていく。その際に、彼女は、自らを「権力のある審査員」と名づけた。これは、「私も分ける線を引いている」という自分を発見するプロセスであり、「自分は何者か」と問うと言う意味で、発見した問題の内側に自分を位置づける試みでもある。

この試みは、既存の社会のあり方や構造の一員としての自分を認めなくてはならず、ときとして苦しい作業でもある。多くの大学生にとっても、気づきによって自分を責めたり、過去を反省したりという方向に向かうことも多い。オカピも、「沼にハマって、書くのが辛い」と言ってきた。

だからこそ、私は、「あなた個人の問題ではない」と確認し、あなたが過去を反省するための時間ではないことを伝える。そして、個人ができる具体的な何かの解決に向けた行動だけではなく、「ボランティアを体験した大学生としてどういう世界をつくりたいのかを一緒に考えてみよう」と声をかける。

そうしたプロセスを経て、オカピは、自分が審査員にならなくてよいありかた、つまりは、障がい者や健常者といった言葉で分けないで世界を捉える可能性をイメージするようになった。人を言葉で分けることが問題ならば、分けない世界をつくればいいという発想である。

そこに至るには、活動２年目にオカピも参加した大学生のメンバーたちとの合宿で行われた「障がい者アスリートと出会った自分たちは活動で何をやりたいか」という議論も背景にある。ボランティアを通じて、分けられてきた当事者たちとの時間を重ねた大学生たちは、議論の中で、「線引きではなく、一人ひとりの違いをもっとゆるやかな『グラデーション』という言葉で表現したら世界が違って見える」という地点にたどり着いた。そのときのことをオカピは、以下に記している。

> 「あれ」と「これ」のイメージではなく、全体の中でどれくらいの場所にいるかで相手を理解するということを想像してみたら、良し悪しの評価がない世界が広がっているように感じました。(「パラスポーツとボランティア」2022年より抜粋)

こうした社会や世界のありかたという抽象度の高い議論になると、大学生たちの中では、「インクルーシブ」、「多様性」、「2項対立」といった聞いたことのある学術の概念が飛び交う。そこで、私は、「あなたの体験だから、まずは、そういう概念の言葉を借りないで、自分の言葉で表現してみる」と伝える。オカピにとっては、「あれとこれ」、「審査員」、「良し悪しの評価がない世界」といった言葉は、自分を問い、社会に対峙することで紡ぎ出した彼女の言葉である。

4　自分の問題になる

こうしてオカピは、自分の言葉を探す実践を通じて、障がい者である彼らの問題を私たちの問題として、社会のありかたの問題を捉えるようになった。今ある社会の中に自分が位置づいてきたのである。そして、その実践は、彼女が自分の問題を語るきっかけになっていった。私が、「あなたにとっては、この『グラデーション』ってどういうことなのだろう」と問う中で、これまで、語っていなかった自分について以下の文章を書いてきた。

> 高校3年間をアメリカで生活した私は、誰に言わせても帰国子女です。です

が私は英語力に自信がなく、周りからの期待に応えられないことにストレスを感じていました。正直、帰国子女でなくても私と同じレベルの語学能力を持つ人はたくさんいるはずです。なのに大学の英語の授業では、先生に「君ならもっとできるでしょう」と言われ、これが私の実力だよと心の中で叫びました。帰国子女という概念なんて、なくなってしまえばいいのにと思いました。そんな私の場合は、帰国子女の枠に分類されてしまうことが心地悪くて、自分の経歴を隠してきました。

～中略～

私は、ボランティア活動を通じて障がい者問題に向き合ってきたはずでした。ところが、グラデーションという良し悪しの評価がない世界が描かれたとき、これは自分の問題だと思いました。帰国子女としての私は、ネイティヴのように英語を話せる帰国子女と、それほど流暢でない自分を比較し、強い劣等感を抱き続けました。他者と比較させられ、自身をありのままに受け入れることのできない社会にいるのは、障がい者だけでなく皆の問題です。そして、なによりも、私の問題だったのです。(「パラスポーツとボランティア」2022年より抜粋)

「グラデーション」という言葉を得たオカピは、これまで心地悪くてあまり思い出したくなかったし、語ることもなかった「帰国子女」としての自分の体験を語り始めた。そして、その問題は、自分だけの問題としてではなく、私たちの問題として語られた。文章を提出してきたオカピは、うれしそうに、「初めて帰国子女が嫌だった自分のことを語ったけど、言えてよかった」と伝えてくれた。私は、「この体験を語れたあなたは、車いすのアスリートたちとつながり直したかもね」と声をかけた。

この声かけは、「あなたが自分の体験を語った意味」を私がオカピと共有したことを伝える言葉である。オカピにとっては、この声かけは、「私の体験を聴く人がいる」という実感につながるはずであり、「私たちの問題」として他者と共に社会に拓いていくための言葉でもある。

「体験の言語化」を実践する

三
「語れなさ」を巡って

1 正しさの呪縛を超えて

「体験の言語化」は、「ボランティアを通じて他者に出会ったあなたは、どういう気持ちになったのか」という問いから始まる。しかし、多くの大学生にとっては、言葉になっていない気持ちに向き合い、伝える言葉を探すのは簡単ではない。課題発見、課題解決という思考に慣れてきた彼らは、「私は、こういう気持ちになった」ではなく、「私は、こう思った」と発言してしまう。「私は、悔しかった」ではなく、「私は、制度が悪いからこうなったと思う」になる。そもそも、これまでに自分の気持ちを語ったことがないし、語るための言葉がないことも多い。あるいは、「こういう場面では、こういう気持ちになるのがおそらくよいのだろう」という期待を想像し、それを自分にあてはめることで、聴き手に批判されないようにしようとする。

「自分がどう感じたかを言う前に、それを聴き手がどう思うかを考慮する」、「思ったことを言って、批判されたり、排除されるのが怖い」という大学生は非常に多いし、習慣化している部分もある。このように聴き手である他者の視線と評価への意識が先に立つのは、自分の気持ちに向き合い、言葉を探すための障がいとなる。そして、彼らがその場における批判を避ける手段として、「正しさ」への縛りと欲望がある。

オカピにとっては、「障がい者に対してはやさしさを持つ」のが、正しさであったし、彼女の体験の言語化はその正しさを乗り越える挑戦であった。私は、彼女が煩わしいと感じる気持に向き合い、言葉にするための働きかけと場つくりを行った。正しさに関する自分への縛りは、正直な自分の感性から目を背けさせる。そして、「正しさ」をもって自分でジャッジし、間違っている自分を見つめたくないから、本当に感じたことを言葉にしようとしない。結果として、さらなる混乱や不安を感じないためにあえて当事者への積極的なかかわりを避けるようになる。もしくは、ボランティアをする自分を常に「助ける側の人」に置き、かわいそうな人という視線を正当化することで他者としての相手に対峙しなくなる。そうしたありかたは、他者とのつながりをもたらさないし、正しさへの希求がもたらす分断でもある。

だからこそ、私は、ボランティアの体験を語る場は、「正しさ」を確認し、「正解」を求める場ではないことを最初に共有する。正しさを保留にすれば間違いもないし、大学生たちは、間違えることへの怖さが少なくなれば、自分はどう感じたのかを言葉にする挑戦がしやすくなるからだ。「あなたの感じた気持ちはあなたのものであり、そこに正しいも間違いもない。そこにあるのは、個々の違いである」というメッセージを何度も伝えるのは、大学生たちが言葉にならないものを見つめるための基盤となる。

それでも、やはり気持ちが言葉にならない大学生や言葉にするのが怖い大学生には、一人でやらないという環境を整えることもある。チームでの実践であれば、活動では先輩の大学生が先に「自分はこういう気持ちになった」と語ってもらう。また、問いかける私も大学生の気持ちをともに想像し、「その場面なら、あなたは、悲しかったのかな？」、「ほっとしたのかもしれない？」「両方、混ざった気持ちだった？」と具体的な言葉を提案してみる。彼らは、「そうかもしれない」、「それはちょっと違うかも」と参照しながら、気持ちの言葉を探していく。

2 世界と関係を結び直す

そして、自分の気持ちを起点に背後に存在するが、うまく言葉にならないものを表現しようとすると抽象度の高い言葉となる。その中でも学術の概念は、なんとなく世界をうまく説明し、理解できたように感じさせるからだ。

オカピも車いすのアスリートたちに対して「尊重」という言葉を使いたがったが、私が「あなたにとって、『尊重』するとは、誰に具体的に何をすることか」と問われると、うまく説明ができなかった。「尊重」とは、自分の思いを我慢することや無条件に賛成することと同義であったりするし、オカピは、「おもてなし」との区別がついていなかった。

しかし、オカピは、誰かに問われることで、言葉を定義しないで曖昧に使っていたことにも気づいた。それを言えば正解だと思っていた言葉について、あえて「あなたにとって、どういう意味か」と問うと、今度は、彼らがその言葉に関連して、過去に自分が体験した具体的な場面や感じていたことを思い出そうとする。そして、既存の言葉では表現しきれない感性に気づくこともある。「おもてなしと配慮のキャッチボール」は、オカピの独自な感性が言葉になった表現でもある。

こうして言葉に向き合う実践を通じて、自分が具体的に体験した事柄と抽象的な言葉を行ったり来たり往還しながら、自分に起きた出来事は、個人ではなく、社会の問題として立ち上がってくるし、抽象的で掴めなかったものが、輪郭を帯びて、どういったものかが見えるようになる。見えてくるとそれに名づけをしようとするし、名づけることができたら誰かと共有することができる。

オカピも自分と障がい者との間に起きた体験を語る中で、健常者と障がい者を分ける線が見えた。それを言葉にし、この線を引く限界を超えようとして、自分たちで見つけた言葉が「グラデーション」だった。そして、「グラデーション」の言葉が、新しい見方をもたらし、それまで関係あるとは思えていなかった自分の個人的な過去の出来事を思い出した。そして、私の問題だった過去の問題を私たちの問題として再び意味づけることにつながった。

このように、ボランティア体験の言語化は、「正しい自分」を超えて、言葉を通じて誰かの問題の外にいる自分を内側に位置づけていく実践でもある。そこには、自分と世界の関係を結び直す可能性が存在するし、「私を位置づける試み」は、今、多くの人が抱える「自分がわからない」という実存の不安へ応えていける意義があるように思う。

参考文献

早稲田大学平山郁夫記念ボランティアセンター編（2016）『体験の言語化』成文堂
兵藤智佳・花岡伸和編著（2022）『パラスポーツとボランティア』ナカニシヤ出版

社会をつくる「わたし」と「わたしたち」の「ことば」—留学生とのことばの活動の現場から—

佐野香織

一 はじめに

私の専門は「日本語教育」、「日本語教師教育」である。この教育の土台には、成人教育・成人学習、生涯学習、応用言語学もある。一般的に「日本語教育」というと、「外国人のための、外国語としての日本語」を教える語学教育を思い浮かべる人が多い。しかし、私がめざしていることは、この狭義の「日本語」だけではなく、広い意味での「ことば」の教育、活動である。

「ことば」とは何か、を考えることは非常に大切である。なぜなら、「ことば」をどのように考えるかによって、描く社会、未来の社会が変わってくるからである。例えば、「日本語」は、日本という国家、「日本人」だけが使う日本社会固有の言語である、と考えるならばどうだろうか。この「日本語」が「日本人」のようにできれば、「日本」社会で、誰もがともによりよく生きやすくなるのだろうか。答えは否である。逆に、「日本語」が分からなかったら、「日本」社会で自分らしく生きられないのだろうか。いろいろな人や、様々なもの、匂い、環境等が複雑に絡みあってあるからこそ、〈わたし〉がかかわる中から始まる、〈わたしたち〉の「ことば」があるのではないか。〈わたしたち〉の「ことば」が生まれるのではないか、未来を拓く「ことば」をつくることができるのではないか。そのように考えるようになった。

私は、「ことば」を「日々の営みの中で、人と人、人と場、人と環境等、人が関わって用いられるもの」（佐野2021: 72）であり、場所やモノも意味を構成する資源の一つであると考える。

その人が、自分が体験し感じるリアリティを「私ごと」「自分ごと」として語るには、「ことば」をその時々で考え、〈わたし〉の「ことば」をつくることが必要である。〈わたし〉の「ことば」があり、そして〈わたしたち〉の「ことば」もある。その「ことば」を使っていく未来の社会を描けることを考えていくことが大切だと思っている。

〈わたし〉の「ことば」を引き出し、一人ひとりも「ことば」を異なるまま、社会を考え、〈わたしたち〉の「ことば」となるきっかけや、「ことば」をつくる機会となる活動が必要なのである。

以上のことを、〈わたし〉から〈わたしたち〉の「ことば」が生成され、そしてつくられていくプロセスがどのようなものであるのか、「あの実践」（三代、2014）をもとに描いていきたい。「あの実践」とは、三代（2014）が以下のようなことばで表現したものである。

> 「『あの実践』」と呼びたくなる、なんらかの痕跡を教師の記憶に残す実践」
> （三代2014: 345）

本稿では、この活動を行った者としての私の中に、〈わたし〉のことばを社会に拓き、未来をつくる〈わたしたち〉の「ことば」づくりとして私の中にある、「あの実践」を取り上げる。そして、「あの実践」にある「ことば」、実践の中にいる「ひと」、「もの」、「こと」、その「かかわり」を記述する。

二
「あの実践」

1　留学生と小学生がかかわる「ことば」の活動

「ことば」の活動にはどのようなものがあるだろうか。私は大学で留学生対象の日本語科目を担当している。そのため、留学生の「ことば」の学びの場を中心に、「ひと」、「もの」、「こと」、社会とかかわることが多い。そしてこのかかわりの実践において、本章では「あの実践」として留学生、小学生が絵を介して対話する「ことば」の活動実践を取りあげる。

小学校では、平和学習、平和教育を大切なものとして行ってきているという話を聞いていた。しかし、実際、小学生や、これまで学校教育内で平和教育を受けてきた大学生に聞くと、平和学習の授業は「なんとなく『平和』は大切、っぽいことを言っていればよい時間」という認識であるということであった。

一方、私が担当していた日本語科目の留学生は、さまざまな地域から日本に来ている学生であった。紛争や、政治的、宗教的、民族的な問題を抱えている地域の学生もいる。そのことを私も知っていながら、しかしクラスの中では誰もがそうした「センシティブなこと」には触れず、複雑な想いを押し隠したまま過ごしていた。ウクライナの戦争に関しても、留学生も小学生と同様、ことばにするのは「『平和』は大切です」だったが、その声や態度や視線には、他の想いも混じっているように感じていた。だが、その想いをもって対話をする機会を授業内で作れずにいた。

この「なんとなく『平和』は大切」、「『平和』は大切です」という「ことば」は、どのような未来を描き、つくるのだろうか。こうした疑問から、筆者は、ロシアの侵略を受け、やむなく隣国のポーランドに避難している子どもたちの絵の絵画展で、小学生と留学生がともに絵を見た後、対話をする、という活動を行った。どのような場で、どのような人と人の間で、どのような「ことば」がつくられているのか、そこにどのように私がかかわっているのか、見ていきたい。なお、本章で取りあげる活動、小学生、留学生のことばは、そのまま特定の個人の「生」の声や記述ではなく、私がとっていたメモ、複数の人、複数の場で聞いたことば、実践後に聞いた感想をまとめて記述した「ある人々の複合の声」である。

2 実践の概要

本実践は、活動としては非常にシンプルなものである。ポーランドに避難中のウクライナの子どもたちが描いた絵の絵画展[1]（以下、絵画展）においいて、小学生と留学生がウクライナの子どもの絵を見て、対話をする、というものである。しかし彼らが生きる社会的文脈は単純ではない。

2022年２月、ロシアによるウクライナ侵攻から始まった戦争により、日本もウクライナ避難民の受け入れを開始した。

本実践に参加した留学生は、前述したように、日本留学前にいた地域や国において、なんらかの紛争や争いを見聞きしたり、経験したりしたことがある学生たちであった。小学生は皆、重要な教育として、学校で平和学習授業も受けてきている。

絵画展の絵は、ウクライナの隣国、ポーランドでウクライナ支援をしている日本人が、ポーランドに避難をしているウクライナの子どもたちが描いた絵を日本国内で巡回展ができるようにまとめたものである。ウクライナの子どもたちが描いた絵は、45枚あった。鳩や地球など、国連旗などで「世界平和」を誰もがイメージできるような絵、ウクライナの夕日、ひまわりの絵などとともに、迷彩服で銃を手にしている人物や、銃や銃弾、兵士たち、涙を流す人物像、などがあった。

絵画展より　ウクライナの子どもが描いた絵

絵画展では、まず自由にそれぞれが絵を見た後、３～５人のグループに分かれて対話をした。絵の前で話しこむグループ、床に座りこんで書いたメモを見ながら話すグループ、様々であった。グループにはなっていたが、ゆるやかなものだった。他のグループと混ざって絵を見ていたり、話をしあったりしている姿もあった。

実践は、これらの絵を見て、小学生と留学生が対話をする、というシンプルなものであっただけに、この「場」で何を考え、何を感じ、何をどのように「ことば」とするのか、そして何が起こるのか、そのプロセスが重要である。そこでここからは、小学生と留学生が対話する中で見られたことを記述していく。

3 「すべり」の「ことば」

大抵、ウクライナの子どもたちが書いた絵を見た後、人々は無言になる。そこをあえて、「どうでしたか？」と聞くのは、実は話しかけるほうにも勇気がいる。その人は自分の中で色々なことが錯綜していたり、モヤモヤしていたり、実はつまらないなぁと考えていたり、の〈わたし〉一人、「個」の状態であるからである。

そこをあえて問うことは、まずは〈わたし〉の「体験」を外に出す状態にすることになる。しかし、大抵そこでまず出てくる言葉は、「すごいです」、とか、「感動しました」、とか、「素晴らしいと思いました」というようなひとこと感想である。それはツルっとしたプラスチックの表面をなでて落ちていくようなとりあえずの「すべり」の「ことば」である。なにかそれらしいことを言わなければならないけれど、思いつかないからとりあえず言ってみた、という頭の中のリストから自動的に選びだされ、すべり出たことばだ。前述の「なんとなく『平和』は大切」も「すべり」の「ことば」であろう。

留学生の場合、言いたい、伝えたいことはあるが、すぐに伝えられる「表現」が「日本語」の語彙の中に見つからず、本心ではないがとりあえずのつなぎとして「すべり」の「ことば」を言う、ということもある。よく聞くのは、「今日もまた嘘をたくさんついてしまった」ということである。本当に言いたいことではないけれど、円滑なコミュニケーションを求められ、効率を優先するとなると、「すべり」の「ことば」となり、それでとりあえず、表面的には良いコミュニケーションがとれる。しかし、「すべり」の「ことば」は徐々に本当の気持ちを伝える意欲を失わせる。そして、なにが自分の「本当の気持ち」なのかも分からなくしていく。さらに相手が小学生であると、「子どもにはどのように話したらいいんだろう」ということまで考えてしまう。こうなるともう何も言えなくなる、ということもある。

実は、小学生も、最初はまったく同じようなとりあえずの「すべり」のことばを用いて発したものが多かった。「平和は大切だなと思いました」というような内容である。ただし、小学生の「すべり」の「ことば」は、平和学習の授業の一環としてとらえているだけに、「なんていえばここでは「正解」なんだろう」という意識が働いていることが感じられた。小学生は留学生とグループで対話を開始した当初、留学生に向かって話す、というよりも、巡回している「先生」に話を聞かれることを意識していたり、後で提出するのであろう学習シートの内容を気にする様子がうかがえた。

一方、あまりにも心や身体へのインパクトが強すぎて何も外に出せない、という状態の小学生もいた。ウクライナの平原に広がるひまわりを描いた絵や、迷彩服を着て銃を担いだ兵士の絵を見た小学生は、この感じたことをどうことばにしていいか分からず、それでとりあえず「すべりことば」を言って難を逃れる、または、自分を守る、ということもある。体験して、自分の中で生まれた感覚、沸き上がった感情を一度また自分の中に戻してしまいこむような感じである。

一人であれば、誰からも「どうでしたか」などと聞かれないし、自分の気持ちを出したりしまったり、ことばを考えたりはしないから、「すべり」の「ことば」に〈わたし〉の「ことば」が規定されていく。

4「ゆるがし」

そこで私は、あなたの「すごい」は、ここにいるみなさんの「すごい」と同じことなのか、絵の同じ箇所を指して言っていることなのか、ちがうことなのか、なぜそう思うのか、絵を見ながら問いを重ねていく。問われた留学生は、まさかとりあえず言ったことに対してそんなに突っ込まれるとは思っていない。あらためて絵を見て、最初の「すごい」はなぜ出てきたのか、考える。他者から、固く組んで締めた自分の腕を緩めて思わず受け入れてしまうような「ゆるがし」を受けるのである。

留学生は、感じたことが頭の中を駆け巡っていく。自分の感覚に近い「語彙」をどこからか探してきて、まずは言ってみる。

「ひまわりの花がきれいですね。平和です」

しかし発言した留学生も、なにか自分の感覚と、目でみた情報を伝えるものとして発した「語彙」がしっくりきていない、ということにも気づいている。そこで、私は発言者にさらに「どうしてきれいですか」と「問い」を重ねる。問いながら、私も一緒に考える。発言者も、自分自身が思わず発した「ことば」に心が動く、「ゆるがし」を受ける。そして、ようやく〈わたし〉の「ことば」が湧き出て、顔を出してくる。

「ひまわりがたくさん咲いています。ここは大丈夫。安全ですから」

この「ことば」を聴いた周りの小学生たち、学生たち、教員たちの間に、なにか張っていた線が弾けて切れるような感じや、「ふーっ」とか「はぁ」というような音と想いが混じったものが流れる。

小学生は、ウクライナの子どもたちが描いた兵士の絵を見ても最初は何もいわない。展示している場所を避けて、あまり見ないようにしている小学生もいる。しかし、問われれば、兵士の姿の絵を「すごい」とか、「なんか怖い」という。しかし、その絵を見た後に何が「すごい」のか、「怖い」のかということまでを自分から語ることはない。そこで、「なぜ怖いのか」と問うと、「顔が怖そう」とか、「笑ってないし、楽しそうじゃない」、とぽつぽつ言ったりする。「どうしてこんな人を描いたのかなぁ」と自問自答する小

絵画展での対話の風景

学生もいた。ただ、じっと見ている小学生もいる。

小学生にとっては問われることだけでなく、他の人が言っていることを聴いたり、その場にいること自体が「ゆるがし」になっている。「え、なんですごいんだろう」、「なんで怖いんだろう」ともう一度考える時間をもらう。そこからようやく〈わたし〉の「ことば」が顔を出してくる。避けて絵を見なかった小学生が、「聴く」、「見る」、「感じる」ことも〈わたし〉の「ことば」となっている。

5「ゆるぎあい」

「すべり」の「ことば」は、なんとなく誰もが分かったような気になれるのに対し、〈わたし〉の「ことば」の芽は、それを聴いた人も最初はよく分からないことが多い。小学生であれ、留学生であれ、大人であれ、絵の中に描かれていることを越えたものが突然発せられる。前述の兵士姿が描かれた絵を見ながら、「これ、お父さん」と言う小学生がいた。それを聞いた留学生が、「え、誰のお父さん？」「お父さんはどうしましたか？」と尋ねる。そしてそこから、この絵に描かれているのは、描き手の父親で、戦場に行く時、父親と別れる前に描いたのかもしれない、さびしい気持ちなのかもしれない、ということが出てくる。そして、「やっぱり、平和が大切。平和じゃないと、お父さんに会えない」などという。

そこで、私は、「もう少しよく絵を見てみたら、何か分かることはありますか」「どんなところから平和を感じますか」と聞いてみる。そうすると、その後、次々と「この服は何？」「どうしてこんな服を着ているの？」「この人はどうして銃を持っているの？」「この人は何をしに行くの？」という問いが出てきた。

小学生も、ウクライナがロシアと戦争をしていることは情報として知っている。ニュースでも報道しているし、平和学習でも取りあげているのだろう。しかし、実際のところ、「なぜ戦争をしているのか」ということや、「戦争とはどういうことなのか」、「戦争に行く人は、何をするのか」ということを「自分ごと」としては考えていないのかもしれない。しかし、絵が伝えようとしていることを「ことば」として読みとり、そして、「平和」や「戦争」という、それまである意味「すべり」の「ことば」であったことを、〈わたし〉の「ことば」の中に捜して、自分の中の情報との間で「ゆるぎあい」をしている。

問われた留学生は、実は余裕がない。小学生に伝えることばを捜したい、選びたいが、真綿に包まれたようなやさしい表現を見つける余裕はない。しかし、小学生の〈わたし〉の「ことば」に、「すべり」の「ことば」で対応することはできない。発している「ことば」は、語学教育的には正しくない、間違いだらけの「ことば」に聞こえるかもしれない。発音やアクセントも分からないものがあるかもしれない。だが、真剣に小学生に向きあい、対話をしようとしている気迫が、そんな文法ルールや語彙の間違いを越えていく。自分の中の想いに向きあい、そして小学生にも向きあって、〈わたし〉の「ことば」同士の「ゆるぎあい」をしている。

そして、さらに言うならば、最初に「もう少しよく絵を見てみたら？」と問うた私も、小学生の問いに、小学生の〈わたし〉の「ことば」との間で「ゆるぎあい」をしている。「この人は何をしに行くの？」という問いに、私は自分の中の「戦争」に関する情報と、スマホで検索しても出てくることのない答えの間で「ゆるぎあい」をしている。

ここでこの活動をしている私のすることは、ひたすら「問う」ことだ。「どうしてだと思う？」という問いを小学生だけでなく、留学生にも問う。そうすることで、〈わたし〉の中に、他者である他の〈わたし〉をいれ、〈わたしたち〉の「ことば」へとつながっていくことを待つ。

6「あそび」

しかし、〈わたしたち〉の「ことば」はそんなに簡単には表れない。〈わたし〉の中に他の〈わたし〉をいれるには、〈わたし〉の中に他者を招き入れる「あそび」の余白、余裕が必要である。

ここでいう「あそび」は、「遊び」とは異なる。車や機械を調整するときに、「もう少し、きっちり締め上げすぎず、ゆるやかに動きやすくする」「ゆとりを持つ」といった意味合いで「あそびをつくる」「あそびがある」と表現することに近い。いわば、「あそび」というのは、〈わたし〉と〈わたし〉の「ことば」のあいだにある、ゆるやかな余白、可変的な余地である。そして〈わたし〉をゆるめながらお互いに拓きあい、〈わたしたち〉の「ことば」として社会につくる姿勢のことである。〈わたし〉の「ことば」が他の〈わたし〉のことばにもなる「あそび」があり、他のたくさんの他者の〈わたし〉のことばが、〈わたし〉のことばとなって、〈わたし〉の中から生まれる。

小学生と留学生との対話の中で、それぞれの中でこの「あそび」の余白をつくり始めたのは、ウクライナの絵をきっかけとした「戦争」の話からであった。小学生が「戦争は良くない。ウクライナでも早く終わればいいのに」と言ったところ、留学生がこう言った。

「戦争があるのはウクライナだけじゃないよ」

それはどういうことなのか。「戦争」ということばも、ここではまだ「すべり」の「ことば」である。他にもここにある絵のように銃を持った人がいるところがたくさんあることなのか、どうしてそのことは取りあげられないのか。こうした想いがまだ湧き出る入り口である。

留学生がそこから語ったのは、自分の出身地で、自分の周りで起きていることだった。ウクライナの子どもたちの絵のような、目で見て分かる「兵士」はいないが、でも似ている人がいて、自分たちの地域のために一生懸命にしていること、それが自分たち地域にとってはとても大切なことであること、家族と一緒にいられない人や、国に戻ることができない人もいることを話した。小学生にとっては、遠いウクライナのこと、知らない人のことの話から、急に「今、ここに、目の前にいる人の現実の物語」になった。

小学生や留学生がそれぞれの中で考えていた「戦争」ということばを中心に、ある留学生が話す「戦争」、また他の留学生が話す、違う「戦争」の話も出てきた。中には、「大切な土地や人を守ったり、自分たちらしく生きるには、「戦争」は仕方がない。戦う必要がある時もある」という話もあった。

その場の、絵を背に、ゆるやかな輪になって話す様子が忘れられない。ウクライナの子どもの絵が一つの「ことば」になり、その絵の「ことば」が媒体となって、子どもと留学生がそれぞれに持っていた、〈わたし〉の「戦争」から、〈わたしたち〉の「戦争」へと、「ことば」が生まれていった。

そこには、「良い」とか「悪い」というような二項対立のディスカッションでもなく、「良いですよね」と単純に共感をしていくのでもない、居合わせた人でそれぞれの〈わたし〉の「ことば」で音を奏で、その場で〈わたしたち〉の即興音楽が偶然できて聴くような感覚があった。

三
〈わたし〉の「ことば」から〈わたしたち〉の「ことば」を社会に拓く

本章では、この活動を行った者として、〈わたし〉の「ことば」から、未来をつくる〈わたしたち〉の「ことば」をつくる活動として私の中に存在する、「あの実践」を取り上げてきた。

私はこの実践を「ジェネレーター」として行っている。ジェネレーターとは、自らもともに学び手としてつくることに参加し、「つくり手チームの一員として、創造を進めるとともに、そのためのコミュニケーションも誘発していく」（井庭（編）2019:158）新たな像である。ジェネレーターは、知識教示のイメージ色が濃い「ティーチャー」や、「インストラクター」でもなく、人々の対話の流れを支援する「ファシリテーター」とも異なる。自らも手を動かしながら考え、つくり、人々の学びのプロセスを見極めながら、必要な問い、支援を出していくものである。

これまで記述してきた活動では、私もジェネレーターとして「ことば」の活動をつくりながら、ウクライナの子どもたちの絵とともに、対話の「場」をつくり、そして私自身もこの対話に参加しながら、〈わたし〉の「ことば」を考えていた。

そこで本節では、私がジェネレーターとして考えながら、この活動をつくっていた経験を記述する。

1「すべり」の「ことば」を見極め、問う、ということ

「すべり」の「ことば」は、活動中、様々なところで現れる。①面倒だ、と何も考えず、こんなことを言っておけばいいだろう、という「誰もが分かった風になれる言葉」として発した場合、②自分の気持ちにあうことばが見つからず、あてはめられないまま心残りではあるがとりあえず発した場合、③時間がなく、空気を読んでその場の効率をあげるための「円滑なコミュニケーション」にのった場合、④その場にいる自分を守るための言葉として発した場合、などである。

留学生は特に②、③が多いだろうと思われるかもしれない。しかしそんなことはない。もちろん、「あなたの言いたいことはこういうことか」と例示したり、探る時間が非常にかかることはある。しかし、誰が対象であれ、実はそんなには変わらない。

それよりも、「すべり」のことばが出るのはなぜか？それは、〈わたし〉に

向かい、〈わたし〉のことばが湧きあがるようなきっかけ、相手、場や機会がないからである。

「すべり」の「ことば」が〈わたし〉のことばになるためには、その場で、湧きあがった想いを、湧きあがったままことばにする機会、そしてそのことばをただ、声に出し、聴いてもらう機会が必要であり、そのための時間も必要である。ウクライナの子どもの絵も、その想いと、時間をつくる「ことば」となっていた。

2 「ゆるぎあい」と「あそび」の即興性

「すべり」の「ことば」は、問われることで〈わたし〉の「ことば」へと向かう。「それはどういうことなのか」とじっくり問われる機会である。他者の問いをきっかけに、湧きあがり、立ちあがったことばを外に出し、他者との間、自分との間で「ゆるぎあい」ができるような「問い」が大切である。「ゆるぎあい」は評価をしたり、評価をされることではない。ただ、湧きあがった想いをことばにしたものが、ぎゅっと両腕をからめて締めていた〈わたし〉をゆるめ、他の〈わたし〉が入る余地をつくるものである。

「戦争は何をすることなのか」「この絵の人は何をしに行くのか」

小学生も留学生も大人も、これまでこのような問いを出せたのだろうか。私は出すことができない枠の中に閉じこもっていた。しかし、自然に湧きあがってきたことを出してもいいのだ、話してもいいのだ、という場になって初めて、この問いに向き合うことができる。世の中が示している「良い答え」の中から「答え」を選んで回答するのではなく、この場にいる人との「ゆるぎあい」を通して、〈わたし〉の「ことば」を考える時間となっていった。

「ゆるぎあい」による「あそび」は、〈わたし〉の「ことば」が〈わたし〉だけにとどまらないためにも重要である。「ゆるぎあい」をお互いにする中で、〈わたし〉の中に、他の〈わたし〉をいれ、他の〈わたし〉のことばの中からも考えることができるからである。ギチギチに詰まった〈わたし〉では、〈わたし〉以外の他の〈わたし〉の「ことば」を聴く余裕もない。「あそび」の前には、沈黙や、ひりっとした緊張感もあった。

「あそび」が生まれるかどうかは、ある意味即興的な部分が大きいと思う。留学生に「どうして『戦争があるのはウクライナだけじゃないよ』と話したのか」と聞いたところ、

> 「全く話そうなんて思っていなかった。でも、この場で、この子どもたちと、「日本語」だから出てきてしまったこともある」

と言っていた。〈わたしたち〉の「ことば」は、自分が生まれた社会で使われてきていて、その中で慣れ親しんできた「ことば」に限定されるものではない。むしろ、その場で、その場にいる人とゆるめあった、その相手の〈わたし〉の余地に「入っても大丈夫」と即興的に考えるものであるのかもしれない。予定調和的に導いていくのではない、「生まれる」ことを大切にすることを痛感した。

3 〈わたし〉から〈わたしたち〉のことばを拓く

〈わたし〉から、ゆるがし、ゆるぎあい、あそびが生まれながら、〈わたしたち〉の「ことば」が生まれるには、「聴く」〈わたし〉の存在が重要である。〈わたし〉の「ことば」を聴いてくれる人、聴こうと身体と場を整え、「聴く」構えができている〈わたし〉がいることで、〈わたし〉の「ことば」は〈わたしたち〉の「ことば」となっていく。ことばは〈わたし〉が語るだけでは「ことば」は生まれない。語る〈わたし〉と、それを「聴く」〈わたし〉が「ことば」にしていくのである。

ウクライナの子どもの絵が「ある」場だけでも、その絵を見る人だけでもない。ウクライナの子どもの絵を見て、それを「ことば」にし、その「ことば」を「聴く」〈わたし〉がいて、〈わたしたち〉の「ことば」も生まれる。

私は、これが〈わたし〉を社会に拓き、〈わたしたち〉のつながりが生まれ、社会をつくっていくことであると考える。つながりが生まれた先やつな

がりが生まれた意義は、また、〈わたし〉と〈わたしたち〉が考えていく。見えない未来に向かう探検である。

〈わたし〉から、ゆるがし、ゆるぎあい、あそびが生まれながら、〈わたし〉の「ことば」を手にした人は、他の〈わたし〉と、〈わたしたち〉の「ことば」をつくりに出かけていく。〈わたしたち〉のことばを拓いていくのである。

1　全国ウクライナの子どもたちの絵画巡回展　https://www.facebook.com/sasaerukai.ukraine

参考文献

井庭崇（編）(2019)『クリエイティブ・ラーニング：創造社会の学びと教育』慶應義塾大学出版会.

佐野香織（2021）「市民として社会にかかわる契機としての「まちのことばをつくる」プロジェクトの可能性」『長崎国際大学論叢』21、(pp.71-78) 長崎国際大学.

三代純平（2014）「あとがき―希望をつなぐ」細川英雄、三代純平（編）『実践研究は何をめざすか― 日本語教育における実践研究の意味と可能性』(pp.343-346) ココ出版.

陣痛に耐える産婦に身体を委ねてもらう実践
―助産師の現場から―

藤 田 景 子

一
助産師としての仕事

私は助産師である。助産師とは、思春期、妊娠期、分娩期、育児期、更年期等々の様々なライフイベントに際して女性に関わる仕事であるが、特に、出産そして、子育てをする時に、じっくりと女性とその赤ちゃんに寄り添う仕事である。

では、なぜ助産師は出産する女性に寄り添うのだろうか。もちろん、女性が安全に赤ちゃんを産むためである。でも、それだけではない。助産師が、出産する女性つまり産婦に寄り添うのは、産婦に身体を委ねてもらうことで産婦の心や身体をほぐし、本来女性が持っている産む力を引き出し、産婦が赤ちゃんを自分で出産したと思える出産体験をしてもらうことにある。事実、自分の力で出産したと感じられるお産をした女性は「こんな大変な陣痛を長い時間耐えて、私はこの子を産んだ。私、お母さんになれますね」、「赤ちゃんの命が何よりも大事。それを大事にするために私がハッピーで元気であることがめっちゃ大事。あ～この子は自分の子で、自分で育てるんだってあったりまえの事なんだけどストンときた」と、今までの長く苦しく痛い陣痛がまるでなかったかのように、目を凛とさせ、自信に満ち溢れた顔で母になる自覚について言葉を発する。

そしてもう一つ、出産は産婦自身が自分で産むために、助産師をはじめ、他者に支えてもらうことに心地よさを感じる体験となることもとても大切である。この他者に支えられ身体を委ねる心地よさを感じることで、出産時、産婦は「痛い」と叫ぶことができる。そして、その後の育児において、母親達は育児がうまくいかず辛い時、悲しい時、心の内を助産師に話してくれるようになる。母親達は言葉を発した時、その言葉を受け止めてくれる人がいる安心を感じるからこそ、より心を拓き言葉を発するようになる。実際に、ある母親は産後「話していいかなみたいな雰囲気がそこにあったんで…めっちゃしんどかったけどいいお産ができた」、「話をしようと思ったのは安心ですよね。ありのままで良いじゃないというような感じがすごくあって助産師に話した」と、助産師に心の内を話すことをよしとし、自らの思いを言葉で発してくれた。自分が受け入れられるという安心を感じ、心が拓かれ言葉を発していく。産婦にとっては、この繰り返しが妊娠、出産、育児の中で行われ、女性自身がエンパワメントされ、自信をもって社会とつながりを得ていく体験になる。

二
妊娠・出産とはどういう体験か

女性が子どもを身ごもり、出産する時、女性に何が起こっているのだろうか。日本では、医学の発展により、出産により亡くなる人は、出産する女性10万人に対し2.5人と少なくなっている[1]。しかし、世界に目を向けると2020年（令和２年）の世界の妊産婦死亡数は28万7,000人であり[2]、毎日約800人が出産により命を落としている。それほどまでに出産は、命がけであり命を懸けるほどの重労働である。

出産のイメージというと陣痛をあげる人が多いだろう。出産時には、赤ちゃんを産みだす力である陣痛が必要である。陣痛は、児を産みだすための子宮の収縮とそれに伴う痛みである。陣痛は、10分に１度定期的に下腹部が痛む生理痛程度の痛みから始まる。陣痛が開始した頃の産婦は、平気な顔で話を続けているか、少し眉間にしわを寄せて陣痛が過ぎるのを待っている。じわじわと陣痛が強くなり、５分…３分…２分…と陣痛間隔が短くなっていく。それと共に痛みは強さをどんどん増していく。人によってはその時の痛みを「膣からスイカを出すようだ」や「身体が裂ける灼熱感」と訴える。初めて出産する人では平均15時間、２人目以降の出産では平均７時間ほど、その定期的な痛みと子宮の収縮が続く。

このように、出産では、女性が、日常では体験しないような痛みに何時間も耐えるという体験をする。日常生活では耐えられない程の痛みであるが、出産時には一人でその痛みに耐えるのではない。多くの場合、出産時には助産師がおり、産婦にとっては助産師に「痛み」に寄り添われることを通じて、「他者に身体を委ねる」という体験となる。

「痛み」に寄り添われる体験について、産婦は「お産の時はやっぱり痛さが先に立つ。でもいつも撫でてもらってたっていうか。ずっと撫でてもらった。痛い痛い痛い痛いと思いながらも、いつも守られている。あそこでは私が守られてるっていうような。すごい和らだ。人からなでてもらったりとか、すごく人を落ち着かせる効果があるっていうのを感じましたね」[3]、「お産の時、助産師が必ずそばにいてくれるし、柔らかい感じで声をかけてくれたり、撫でてくれたり、すごい距離が近いし、『甘えていい』みたいな感じ。お産の時すごい安心していられた」[3]と、産婦は、助産師の手のぬくもりを感じていた。助産師が自分の身体を使い、産婦に触れ、ケアしながら寄り添うこ

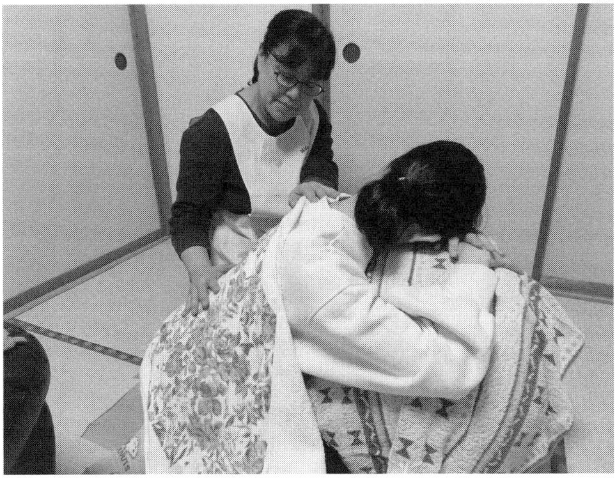

陣痛中の産婦と助産師

とは、産婦にとって安心を感じられるとても心地良い体験となっている。

妊娠・出産という行為は、助産師に「痛み」に寄り添われることを通じて、妊娠が「他者に身体を委ねる」体験であるが、その出産の場面で、助産師は産婦に対しどのような意図を持ち、何をしているのだろうか。

三
出産の時に助産師は何をしているか
—助産師としての私の実践—

1　産婦と助産師との一体を感じる出産

ある日の夕方、私は日中に勤務していた助産師と交替し、夜間の勤務に入った。そして私はその日、陣痛室にいた20代後半で初めての出産をする産婦の名帆さん（仮名）を受け持った。名帆さんには実母が付き添っていた。入院時点では生理痛程度の痛みであったが、徐々に陣痛が強くなり、夕方私が受け持つ頃には、子宮口が7cm程まで広がり、児の出産までもう一息のところまで来ていると前勤務の助産師より申し送りを受けた。私が陣痛室に挨拶に行くと、名帆さんは布団の上に横たわり「痛い〜」と眉間に皺を寄せ、手を握り締め、身体全身に力を入れてうずくまっていた。「助産師の藤田です。少しお腹触らせていただきますね〜」と言いながら、名帆さんのお腹に手を当て陣痛が遠のくのを待った。

陣痛が遠のいたタイミングで私は名帆さんに「はい、息を吐いてくださいね〜」、「もう一回息吸って〜。で、ため息をつくように息を吐いて、肩の力を抜きましょうね〜」とお腹に当てていた手を肩に移動させ、肩をさすりながら名帆さんの呼吸の誘導を行おうとした。しかし、名帆さんの全身に入った力は全く抜けず、彼女は、眉間にシワを寄せ、目をつむったまま、足や手に力を入れうずくまっていた。そんな私の言葉は名帆さんの耳には届いていないように感じる状況であった。私はまず、陣痛のきている名帆さんと一緒に一晩過ごす助産師として名帆さんに挨拶しようと、そのまま名帆さんの肩をさすりながら「夜担当させていただきます助産師の藤田です。よろしくお願いしますね」と挨拶した。名帆さんはちらりと私を横目で見てくれたが、それどころではない様子で再度目をつむり、陣痛の去った後も身体に力を入れていた。

その後も私は陣痛の強さやお腹の張り方、名帆さんの陣痛の痛み方の様子を実際に自分の手で名帆さんに触れながら見ようと「陣痛の様子を見させていただきたいので、お腹触らせてもらいますね～」と、そのまま陣痛を待った。すぐに陣痛はやってきた。名帆さんは、お腹の張りと共に怒責感も出てきていたため、私は、申し送りを受けた情報よりもお産が進んでいる可能性を考え、赤ちゃんの出口がどのくらい開いているのか診察を行った。子宮口はだいぶ開いてきており、私は、出産も近いと判断した。初めてのお産であれば、子宮口が全部開いてから分娩室へ入室することが多いが、名帆さんの場合、陣痛の痛みを強く感じており、身体に力が入りっぱなしであったため、私は、じっくり名帆さんに付き添い、産まれてくる子どもに意識を向けてもらいたいと思い、早めに分娩室に入室することとした。

分娩室に移動し、分娩台に横たわると、名帆さんはさらに大きな声で「痛い～痛い～」と叫び、手足をバタバタとさせてのたうち回った。そんな様子を見ていた実母は「お産はそんなものよ、頑張りなさい」と少し離れた所から名帆さんに声をかけ、なんとか落ち着かせようとしていた。しかし、名帆さんには実母の声は全く耳に入っていない様子であった。

お産時、赤ちゃんが飛び出してくるのを防ぎ、安全に分娩介助をするために助産師は産婦の足元にいることが多い。しかし私は、一度、名帆さんの前にある物品をとりに行った際、名帆さんの陣痛が来てしまい、名帆さんに腕の上から丸太を抱えるようにしがみつかれた。その陣痛の１分間、私は全く身動きが取れなくなってしまった。私は、その時、声だけで「息を吸って～、吐いて～、ふ～　ふ～、力逃しますよ～」と呼吸法を促し、赤ちゃんが飛び出してしまうのを防いだ。また、このままの名帆さんの状態ではメガネをかけている私は顔を蹴られ、眼鏡が割れる可能性もあると考え、陣痛の合間に急遽コンタクトに付け替え、名帆さんの動きや体位に合わせて分娩介助できるように準備し、陣痛室に戻った。

このままでは、陣痛がきたら名帆さんはいきみたおしてお産がうまく進まないと思い、私は、母親が幼い子どもを寝かしつける時にポンポンと一定のテンポで子どもを手で触れるように、陣痛が来ていない間も名帆さんの腰あたりを一定のテンポで触れ続けた。陣痛が来て名帆さんが大きな声で「痛い～‼」と叫ぶ時も、私は名帆さんに「痛いね～頑張っているね～」と耳元で囁くようにやさしく話し、一方の手で服の上から肛門を押さえ、一方の手で腰を摩り、陣痛が過ぎ去るのを待った。そして、一つの陣痛が過ぎ去る頃「息を吐いて～、息を吸って～で、ため息つくように息吐きましょう～はあ～」と全身の力を抜くように深呼吸を促し続けた。2分おきくらいで定期的にやってくる陣痛のたびに何度も何度も名帆さんと私はこの動作を繰り返した。

陣痛を名帆さんと乗り越えているうちに、今まで「痛い～！痛い～！」と叫び倒していた名帆さんは、私の囁くような声に合わせ、息を吐いたり、ため息をつき身体の力を抜こうとするようになった。名帆さんは陣痛の合間は静かに目をつむり、陣痛がやってくる直前に私の目を見て息を吐き、息を吸い直して息を止め、私の目をみたまま力を入れて赤ちゃんを生み出そうと力んだ。名帆さんは陣痛のたびにそれを繰り返した。

この時、名帆さんは、私を見ているようであったが自分のお腹の中で生まれようとしている赤ちゃんに意識を集中させているように感じた。私も、名帆さんを見つめ、名帆さんが力を入れる瞬間に肛門を押さえ、いつでも赤ちゃんが産まれても良いように備えた。私は、名帆さんの陣痛と力いっぱいいきむ力強さを感じ、名帆さんと一体となっている感覚で共に赤ちゃんが生まれるのを待つ。その繰り返し。赤ちゃんが少しずつ下がってくる。赤ちゃんの頭が少しずつ出てきて無事に出産した。名帆さんは何事もなかったかのように「かわいい～」と赤ちゃんを抱きしめた。

このように、当初、名帆さんは私の存在が目にも入らず、痛みに集中していた。しかし、名帆さんに触れ続け、そこに居続けることで、名帆さんは私の存在を受け入れ、そして、私に身体を委ねてくれるようになった。まさに出産は、私と名帆さんの共同作業のような感覚である。「痛み」にとらわれていた名帆さんは、「痛み」に寄り添われることにより、他者に身体を委ね、ケアされる心地よさを感じたのである。そして、一人ではないという共にいる存在に身体を委ね「痛み」に立ち向かい赤ちゃんを産みだした。

2 陣痛が弱くなる産婦に寄り添い続ける

その日は、初めてのお産を迎える静香さん（仮名）が日中からずっと陣痛がきているために入院していた。一般的には、夕方から陣痛が強くなり夜中に陣痛のピークを迎え出産に至る産婦が多い。私は静香さんが夕食を食べ終えた頃、そろそろ陣痛も強くなるかと思い静香さんのお部屋に伺った。しかし、私がお部屋に伺った時、静香さんはお産が進んでいなかったからか、陣痛時に声が漏れることもなくやや眉間にしわを寄せて陣痛が過ぎ去るのを待ち一人静かに過ごしていた。そんな静香さんの様子に、私はまだ陣痛が弱いのかなと思う一方、彼女が、陣痛に不安や恐さを抱え細身の身体を固くしてガードしているようにも見えた。そんな静香さんに対し、私は部屋でじっくり静香さんの身体に触れ、安心してもらうことで身体を緩ませ分娩を進ませようと思い「よい陣痛がきていますね～」と微笑みながら近づいた。そして、和室の壁にもたれかかっている静香さんの横に座り、片方の手で腰や背中をさすった。

今までの経験上、多くの場合、陣痛中の産婦に触れると、産婦が私の手を受け入れ産婦と一体となる感覚を得ていたが、静香さんからは、その時、私から少し離れようとしているような違和を感じた。私の手を受け入れていない。私の存在が、この静香さんの部屋になじんでいない違和感である。その時、私は、静香さんは、人に身体を委ねる経験に慣れていないのかなと思った。助産師は、お産の際、産婦の出産の黒子となる。そのためには、お産の場に助産師がいても助産師の存在に気をとられず、普段の産婦らしくいられるよう雰囲気を作る。

私はまず、静香さんの部屋で私がいても違和感のない存在になるよう、付かず離れず静香さんの隣で陣痛がくるたびに、静かに優しく肩に触れながらその場にいた。部屋には私たちの息づかい以外の音はなく、薄暗い状態であった。特に話をすることもなく、静香さんと私の２人で陣痛の波が来る時間をその部屋で共に過ごした。数時間経った夜中の０時頃、通常であれば陣痛が強くなってくるはずの時間帯であったが、静香さんの陣痛の間隔が短くなることはなかった。それどころか陣痛の感覚が長くなった。「おかしい。なぜだろうか？」赤ちゃんの心音も１時間毎にはかり、静香さんの体温や血圧等もはかり、母子共に特に問題なく健康な状態であることを確認した。それなのに、陣痛がどんどん弱くなっていく。私は、おかしいと思いつつ、弱いながらも５分おきに必ずやってくる陣痛の波に寄り添った。

陣痛は弱くなるが、まったくなくなるわけではない。静香さんは陣痛が来る度に眉間にしわを寄せ、肩をすぼめ、お腹に手を当て一生懸命息を吐いたり吸ったりしながら痛みに耐えていた。そんな時間を共に過ごすうち、私が静香さんの腰をさすると私の方に静香さんの身体が寄ってくるようになった。静香さんが私に身体を預けてくれている。私が部屋にいても静香さんは緊張が溶け、安心してくれている。この時、静香さんの部屋にいる私の存在が、静香さんにとって違和感のない存在になっているように感じた。

夜中２時頃、自分から話しかけることのなかった静香さんが突然ポソっと「これだけ頑張っていたら、私もお母さんになれるかな」と呟いた。私に話しかけるというよりも、虚空に向かって自分の気持ちを吐露するように漏れでた声のように感じた。その呟きを聞いた時、私は、この人は何度も何度も止まることなく定期的に襲ってくる陣痛の痛みに１人で耐えながら、ずっと母親になれるか不安を抱いていたことに気づいた。私は、頑張っている静香さんをとても愛おしく感じ、彼女にどんな言葉をかけて良いのか考える間も無く、「なれますよ、なれます。だってこんなに頑張っているんですから」と静香さんの肩に触れながら静かに力を込めて答えた。

静香さんはその後、妊娠中もずっと母親になるのが怖かったこと、母親になれる気がしないと思い続けたこと、自信がなかったことについて話をしてくれた。幼少期、実の母親から、母親らしいことをされた記憶がなく、私も母のようになったらどうしようと思っていたとのことであった。静香さんは、自分自身に言い聞かせるように私にぼそぼそと話続けた。私は、静香さんの話をもう１人の静香さんのように静かに頷きながら、ただただ、その言葉を聞いていた。私は、静香さんのその心の声を聞いた時、陣痛が弱くなった意味がわかったような気がした。陣痛が強くならなければ赤ちゃんは生まれない。言い換えれば、陣痛が強くなれば早く赤ちゃんが生まれる。

しかし、静香さんにとって陣痛の長さは母親になるために必要なプロセスだったのだろうと思った。定期的にやってくる陣痛に耐えながら、静香さんはこの陣痛に耐えれば母親になれるのではないかと少しずつ小さな自信を重ねていたのかもしれない。それと同時に、彼女の身体の硬さが取れ、私に身体を預けてくれるようになり、私と静香さんの身体の距離も近くなった。きっと静香さんは私の存在を受け入れてくれたのだと感じた。静香さんの一部に私が重なり、私はその場の空気のようになり、私は静香さんにとって違和感のない存在となった。その部屋で一緒に定期的にやってくる陣痛に寄り添い静香さんと共に過ごした。

静香さんが心の中を吐露し落ち着いた頃、陣痛が少しずつ強くなっていった。その後、朝方、助産院院長の助産師と担当を代わった。日中は陣痛が自然と弱くなりやすいため、日中には静香さんのお産は進まなかったが、夕方頃より陣痛が強くなり無事に出産した。院長の助産師がその時のお産について、静香さんは助産師にしがみつき、とろけるようにお産をしたと教えてくれた。

四
自分が産んだと感じる出産をした産婦は社会につながっていく

助産師は、産婦が陣痛中「痛い」と言えば、それに対して産婦の身体をさすりながら「痛いね～」と応える。助産師は、陣痛に耐え出産しようとしている産婦の傍らで、産婦の感じている痛みを受け止め、共有し、産婦の身体をさすり、産婦と共にお産に挑む。あなたは一人ではない、助産師の私がそばに居るよと励ます。このやり取りを陣痛が来ている間、何度も繰り返すのである。

陣痛は、人に身体を委ねないと乗り越えられない。このことについてある女性は、「お産ってめっちゃ痛いし、しんどいし、いつ終わるのって感じだし。誰かにその短い時間の間だけでも身を委ねたり、すごく頼ったり、弱いとこを見せたりしないと乗り越えられない。これまで人に自分の弱いとこを言えなかったり、人に心開いたりすることがもともと苦手で全くできていなかった。でも、お産の最中は、『めっちゃ痛い～』とか、『そこ擦って～』とか言うしかない。お産が終わった後、改めて人を頼ってもいいんだな～っていうのを認識できてすごく楽になった」[3]と語った。産婦は、定期的にやってくる陣痛により、弱音を吐かざるを得ない状況で、自分の感情を助産師という他者に解放し、助けを求める。また、助産師も産婦の思いを受け止め、励ましの言葉を返す。そして、励まされた産婦は自分が誰かに受け入れてもらえたと感じ、これでいいのだと肯定感を得る。自分の身体を助産師に委ね、身体が拓き、自分が産んだと思える出産をした産婦は、「私が出産したことで私が成しえた、私が頑張ったからなんだって。もちろん助産師さんにも感謝しているし、私も一つ大きな仕事をなし得たっていうのを感じさせてくれた。１つステップアップ」[3]と語っている。自分を丸ごと受け入れ肯定されたことで、自分が命を世に産みだすという大仕事を成し得たという自信を得ていくのである。

助産師は、出産をする女性を支えることはできる。しかし、「産む」ことは産婦にしかできない。だからこそ、助産師は、産婦に対してあなたが命を育み、あなたが命を産みだすのだと伝えるのである。世の産婦は、妊娠中からお腹の赤ちゃんに声をかけ家に迎える準備をしている人もいれば、上の子に手がかかっていたり、仕事や他のことに意識がいっていたりしてお腹の赤ちゃんに意識を向けられない人もいる。

産婦たちは、いろいろな事情を抱えてお産を迎える。しかし、産婦がお産に集中できないような状況では、出産という大仕事は乗り越えられない。助産師は、産婦が命を産みだすとういう大仕事に集中し、かつ、乗り越えられるよう寄り添い続けるのである。ある女性は、出産後「お産中、やっぱりお産にはお母さんの力がいる。私がぼんやりしていてはダメだと感じた。元々、お産は私が頑張ろうが、頑張らなかろうが、赤ちゃんが出てくると思っていた。でも、お産の途中からいいお産をしようってすごく積極性みたいなものを得た」[3]と、出産を通して自分の意識が変わったことを語った。この産婦は、助産師に支えられたことで、どこか医療者が産ませてくれると他人事のようにとらえていたが、お産は自分がするのだと理解し、自分が主体で産んだのである。

産婦は、助産師に身体を委ね、自分自身が受け入れられたと感じ身体が拓いた時、自分の力で主体的に出産したと感じる体験をする。主体的に出産した産婦は、その後、出産を通して自分自身が生まれ変わったと語った。

助産師は、言葉を引き出すことを意図して関わってはいないが、身体をケアすることにより、言葉になっていなかった産婦の言葉を引き出している。産婦は助産師に身を委ね、助産師という他者につながり、そして社会の中で他者とつながりながら生きていくことの大切さに気付いていくのではないだろうか。助産師の実践とは、そんな人生の転機の場にいる仕事であると私は考える。

1　厚生労働省（2022）（ttps://www.mhlw.go.jp/toukei/saikin/hw/jinkou/kakutei21/dl/15_all.pdf［2023年９月16日］）

2　World Health Organization（2023）, Trends in maternal mortality 2000 to 2020: estimates by WHO, UNICEF, UNFPA, World Bank Group and UNDESA/Population Division.（https://www.who.int/publications/i/item/9789240068759［2023年９月16日］）

3　藤田景子（2012）、ドメスティック・バイオレンス被害女性の回復過程と周産期の看護援助、平成23年度神戸市看護大学大学院博士課程学位論文

もう一度「私」という主語を取り戻す
―DV 被害者支援の現場から―

千野洋見

一
私について

私は、2004年からドメスティック・バイオレンス（以下、DV）被害者支援団体であるNPO法人女性ネットSaya-Sayaという団体で、DV被害を受けた女性と子どもの支援に携わっている。私がDV被害者支援に携わりたいと思ったのは、学生時代に読んだDVシェルターの本がきっかけであった。元々ジェンダーの問題に強い関心を持っていた私は、その本を読んで、多くの女性が夫から殴る、蹴るなどの凄惨な暴力を受けている現実に衝撃を受けた。それからDV問題に関心を持ち、地域の社会福祉協議会の紹介を受けて、現在所属しているNPO法人につながった。2011年から5年間は、別団体が運営するDVシェルターの専従スタッフとしてDV被害を受けた女性と子どもたちの生活支援に関わったり、行政の女性相談で相談員として従事してきた。現在は、行政の女性相談機関での相談員のみならず、母子生活支援施設や児童相談所でも勤務している。私は、約20年に渡る支援経験の中で、一貫して女性のDV被害者と子どもを支援対象としている。したがって、本論においても、DV被害者は女性（妻）、加害者は男性（夫）であることに留意願いたい。また、本稿に出てくる事例は、いくつかの実例を組み合わせた創作である。

二
「私」という主語が奪われるDV

2001年に施行された「配偶者からの暴力の防止及び被害者の保護等に関する法律」によると、配偶者等からの暴力とは「配偶者からの身体に対する暴力（身体に対する不法な攻撃であって生命又は身体に危害を及ぼすものをいう。以下同じ。）又はこれに準ずる心身に有害な影響を及ぼす言動」と定義されている。法律では、DVを「身体に対する暴力」と「心身に有害な影響を及ぼす言動」というように、「何をされたか」や「何を言われたか」といった具体的な行為や言葉がDVか否かの基準となっている。したがって、「殴る、蹴る」といった身体的暴力、「怒鳴る、無視する、罵倒する」といった精神的暴力、「生活費を渡さない、支出細かくチェックする」といった経済的暴力、「友人や実家との付き合いを制限する、付き合いを許さない」といった社会的暴力、「性行為を強要する、避妊に協力しない」といった性暴力などの「暴力行為」がクローズアップされがちである。

この捉え方は、決して間違いではない。しかし、これら様々な形態の暴力は、あくまでも「手段や道具」であって、DVの「目的や本質」ではない。DVの目的や本質とは、「暴力という手段・道具を用いて、相手を自分の思い通りにすることや相手を自分の支配下に置くこと」である。

妻は、一度でも「殴られる」という身体的暴力を受けた経験があれば、その後、何か月も夫が優しかったとしても、どこかに「また殴られるかもしれない。何かあれば、この人は殴る人だから、殴られないようにしよう」と考え、殴られないようにふるまうだろう。毎週末、夫に１週間の支出を細かくチェックされ、「なぜこれを買わなくてはいけなかったのか理由を論理的に説明して」や「無駄遣いしやがって」と言われたら、妻は買い物するときにどうやって夫にこの買い物の正当性を伝えたらよいか、また、無駄遣いと責められるのではないかとビクビクする。夫からの性行為の誘いを断ると、夫があきらかに不機嫌になって物にあたったり、子どもを理不尽に怒ったりすれば、妻は家庭の安全のために性行為の誘いは、嫌でも我慢するしかないと思うだろう。ケンカのたびに仲直りのセックスを強要されることが続いていれば、妻は夫に反論したくても反論せずに夫に従うという選択肢を取るだろう。妻が自分の実家に行きたいと言うと、「お前はいつまで実家に甘えているんだ」と言われたり、友だちと会いたいと言えば「友だちと会うといって浮気するんだろう」や「また俺の悪口を言うのか」などと言われたりする。実家に行くたび、友だちと会うたびに夫にこのように言われていたら妻は、実家に行くのも、友だちと会うのも自然と控えるようになるだろう。

これらを見てもわかるように、夫の意に沿わない言動をすると暴力・暴言につながると思えば、妻は、それを全力で避けようと工夫する。反論したところで無駄だと思えば、反論もせず、ただ夫の不機嫌・怒りの波が通り過ぎるのを静かにやり過ごすしかなくなる。このように、妻自身が、「私がどうしたいか」、「私がどう思うか」よりも、「夫が何を感じ、何を思い、夫はどう反応するだろうか」ということが、彼女たちの判断基準になっていく。つまり、実際に考えて行動する主体が妻自身であったとしても、そこに妻の主体性は存在せず、知らぬ間に夫によって精神的に支配されていく。

しかし、本稿で論じる「私という主語が奪われる」というのは、このように主体性を奪われるだけではない。実際にDV被害者の語りの中から「私」という主語が無くなってしまうのだ。私たちは、日本語で会話をするときに主語を省くことが多い。話に出てくる行動の実施者が明らかであるときは、主語を省いて話をするのが一般的である。例えば、友だち同士の会話で、「今日、買い物に行ってTシャツを買った」と言えば、当然Tシャツを買ったのは、話者であるという前提で話を聴く。「今日、私は買い物に行ってTシャツを買った」とは言わない。このように行動の主体者が明示的である場合には、主語を省くというのが日本語の慣習になっている。

DV被害者との会話では、このように主語が省かれることが少なくない。聞き手である支援者は、当然行動の主体者を話者（妻）と仮定して話を聴き続けるが、だんだん辻褄が合わなくなり、主語を確認すると、主語が「夫」であったりする。例えば、妻が、面接相談で「会社に行くときに、『今日は帰りが遅くなる』って言ったんですよ」と話し始める。支援者は、会社に行ったのも、「今日帰りが遅くなる」と言ったのも妻自身であるという前提で話を聴き続ける。しかし、「でも、いつも通りの時間に帰ってきたから、『あれ、遅くなるって言ってたよね』って言ったら、いきなりキレて『早く帰ってきてはいけないのか』と怒鳴ったんです」と続く。その時になって初めて、会社に行ったのも、「今日は帰りが遅くなる」と言ったのも「夫」であったことがわかる。

このようにDV被害者の語りには、私という主語がないことが多い。そうした中で、DV被害者支援の目的やゴールは、「私」という主語を奪われたDV被害者が主語を取り戻すことである。「夫がどうしたいのか、どう感じているのか、夫がなんて言うか」を言動の判断基準にするのではなく、「私がどうしたいと思っているのか、私がどう感じているのか」を大切にできること。そして、暴力によって奪われた主体性を取り戻すことである。そこで本稿では、「私」という主語を失ったDV被害者の回復のために私が何をやってきたのかについて述べていきたい。

三
DV被害の３段階

1　DV被害の３段階とは

私は、DV被害には大きく３つの段階があると考えている。第１段階は、自分がDV被害だと気づけない、もしくは認めない段階である。第２段階は、自分がDV被害者だと気づき、受け入れる段階である。この段階で、別居や離婚に向けて動く人もいる。そして第３段階は、DVを体験した後の段階である。別居や離婚によって加害者と離れ、日常生活を取り戻していく段階である。

2　第１段階にいるDV被害者〜DV被害だと気づけなく、認めない〜

ある日、「子どものことで相談したい」というヨシコさん（仮名）が面接相談にやってきた。面接にやってくる半年前に夫が、7歳と4歳になった娘に水泳を習うことを強要し、嫌がる子どもたちとヨシコさんの反対を押しきって、近所のスイミングスクールに申し込みをしてしまった。元々競泳選手であった夫は、熱心に子どもたちの送迎をし、水泳教室がない日にも地域のプールに子どもたちを連れていくほどの熱の入れようだった。元々、水泳に興味がなく、休みの日まで水泳を強要されることを辛く感じた子どもたちが、ヨシコさんに「水泳を辞めたい」と訴えた。ヨシコさんは娘たちに代わり、夫に「子どもたちが水泳を辞めたいと言っている。辞めさせてあげたらどうか」と伝えると、夫は「絶対に許さない。お前は子どもたちが体の弱い子になってもいいのか」と怒るという。水泳教室のたびに、ビクビクしている子どもたちと、そんな子どもたちを叱りつける夫に困ったヨシコさんは、「どうやったら水泳を辞められるでしょうか」と相談に来た。

水泳教室をめぐって他にどのようなことが起きているのか伺うと、ヨシコさんの夫は些細なことで怒って暴言を吐くため、ヨシコさんは常に夫の機嫌を伺いながら生活していること、特に子どもたちの水泳教室が始まってからは、夫が怒りださないよう、ヨシコさんが子どもたちを毎回説得して水泳に通わせていることが語られた。ここまで話してもヨシコさんの口から「DV」という言葉は一言も出ず、「夫を怒らせないで、どう説得するか」に対する支援者のアドバイスが知りたいという感じであった。

この時点で私は、明らかにヨシコさん夫婦にはDVがあり、ヨシコさんが自分の気持ちよりも夫の気持ちを優先していること、つまりヨシコさんの主体性が奪われている状態だと感じていた。しかし、私は初回の相談では、ヨシコさんの希望通り「どうやったら夫を怒らせずに水泳を辞めるか」について話し合い、DVについて触れることはしなかった。なぜならば、ヨシコさんは「夫婦関係」の相談に来ているのではなかったからだ。私が先走って「夫の機嫌を伺いながら生活しているヨシコさんはDV被害者です」と言えば、何とか夫を怒らせないよう日常生活をやりすごしているヨシコさんの努力を軽んじ、私に対する不信感を募らせてしまうだけだからだ。しかし同時に、夫を怒らせない方法を検討する中で、「何かする際には夫の許可が必要なのか」や「ヨシコさんが夫の意思に反したことをしたときに、夫はどのような言動をとるのか」など、日ごろの夫婦間のコミュニケーションの取り方についても触れていった。

自分がDV被害を受けていることに気づけない人は、私がいる相談現場にDV被害者として登場することはない。しかし、他の悩みごとで話を聴いていくうちに、私自身の中で「あれ？これってDVでは？」と思うことは多々ある。DVのことを念頭に置きながら、私が夫のことや日ごろの夫婦間コミュニケーションの方法について深堀しようとすると、彼女たちは一様に顔に笑みを浮かべて、若干身体を緊張させながら、腹の底からではない頭の方から出す声で、「いえいえ。殴られていないからDVじゃないですよ」とか、「私も仕返ししていますからお互い様です」と否定することが多い。また、「今日は子どものことで相談に来たのであって、夫婦関係の相談ではないです」と怒り出す方もいる。

この段階にいるDV被害者に対して、私は「いやいや、あなた、DV被害を受けていますよ」や「精神的DVというものもあるんですよ」などと伝えて、彼女たちに「自分がDV被害者であること」を無理やり自覚させるようなことはしない。DV被害者の中には、「自分が経験しているのはDVではない」と思うことや思い込むことで、かろうじて崩れそうな自分を守っている場合がある。私の発言が、本人たちの努力や工夫を踏みにじりかねない。この段階にいるDV被害者に対して私が行うことは、「次回の面接につなげること」である。DV被害を受けるということは、最も愛し愛されたいと思っているパートナーから暴力を振るわれるという体験であり、自分だけでなく他者も信頼できなくなるため、支援者である私を信頼してもらうことがとても難しい。

3　第2段階にいるDV被害者
～支援者とのつながりを通してDV被害を自覚する～

面接を継続する中で、ヨシコさんのお話を伺いながら、「その時、ヨシコさんはどうしたかったのかな？」、「夫にそういうことをされてどんな気持ちになった？」といった問いを重ねていった。するとヨシコさんは少しずつ、「子ども達が嫌がってまでプールを続けなくても良いと私は思っていた。でも、このことを実家の親やママ友に話しても『熱心な旦那さんでいいじゃない。それだけ子どもの教育に関わってくれる旦那さんはいないよ』と言われてしまうので、もう相談できないなと思った」と語ってくれた。

そこで私は、「相談しても周囲にそんな風に言われてしまう経験をしていたら、ここでお話するのも勇気がいりましたね。よく話して下さいましたね」と労った。するとヨシコさんは、交際中から夫が些細なことで不機嫌になってヨシコさんを無視したこと、結婚後ヨシコさんが夫の思い通りにふるまわないと、夫はヨシコさんの両親までもバカにしたり、「だったら離婚だ。今すぐ子どもを置いて出ていけ」と言ったりすると涙ながらに語った。しかしヨシコさんは、「親もママ友も『良い妻は、夫を手のひらで転がすことができないとダメだ』と言うんです。だから、夫を上手くコントロールできない私が悪いんです。夫も『お前が俺を怒らせる』と言うから、上手くやれない私の責任なんです。夫を殺して、私も死んでしまいたい。そうするしかもう夫から離れる方法がない」と訴えた。

私は「夫が不機嫌でヨシコさんを思い通りにすることや無視すること、ヨシコさんの心を傷つけるようなことを言うのは精神的DVにあたります」と伝えた。ヨシコさんは、「そうですよね。これってDVですよね。いままでもそうかなと思っていましたが、どこかで『殴られていないからDVではない』と思い込みたかった部分があったのだと思う」と話された。さらに私は、「夫からのDVだけでも十分辛いのに、辛さを実家の親やママ友に話してもわかってもらえないと自分が悪いからだと思うしかなくなりますね。夫からもそう言われているし。そのような生活を続けていく中で、夫から解放されるには、もう夫を殺すしかないと思い詰めてしまう気持ちになるのも無理の無いことだと私は思いますよ。それだけ辛く、苦しいのではないでしょうか」と伝えた。加えて、DVとは加害者が暴力という手段を用いて被害者を自分の支配下に置くこと、DVには殴るや蹴るといった身体的暴力だけでなく、精神的暴力や経済的暴力、社会的暴力、性的暴力があること等の説明もした。

このような対話をヨシコさんと続けていくと、次第にヨシコさんは夫との間で何があったのかという出来事だけでなく、「私は自分の気持ちよりも、夫の気持ちのほうを優先してきた。そうでないとこの家では生きていけないから」、「私は夫に支配されていたんですね」、「今までずっと夫の言うように私が悪いと思っていたけれど、暴力の責任は夫にあるのだとわかった」、「私が何をしても、しなくても夫の機嫌には関係がないと気づいた」、「DVの知識を得たことで、夫を客観的に見ることができるようになったら、怖くなくなった」、「夫は暴力以外の選択肢を選べたのに、暴力を選んだ。『お前が俺を怒らせた』というのは夫の言い訳にすぎない」というような語りが出てくるようになった。面接を重ねるごとにヨシコさんの顔から作り笑顔が消え、泣きたいときには涙を流し、怒りの気持ちが出てきたときは、ヨシコさんの声に力が込もってきた。ヨシコさんの表情や声と語りの内容が一致し、悲しみなら悲しみ、怒りなら怒りを身体も心も使って、同じメッセージを発することができるようになっていった。

初めて相談に現れた時はDV被害者になれなかったヨシコさんが、私という支援者を聴き手にして語るという作業を積み重ねることで、砂時計の砂のように少しずつ自分自身をDV被害者と位置づけられるようになっていった。自分自身をDV被害者と位置付けられることで、ようやく「私」という主語が立ち上がってきたのだ。

第2段階は自分自身をDV被害者であると位置づける段階であると同時に、別居や離婚に向けて具体的に動く段階でもある。一般的にDV加害者と話し合い、協議離婚で離婚に至ることは難しい。夫とは話し合いにならず、いつ何がきっかけで夫が怒り出すかわからず、何かあれば「お前のせい」だと言ってくる相手との話し合いはできない。したがって、DVがある場合、多くは調停や裁判を経て離婚に至る。今度は弁護士を味方に加えて、加害者によって奪われた「私」という主語を取り戻していく段階である。

4 第3段階にいるDV被害者
～自分なりのやり方で回復のプロセスを歩み続ける～

ヨシコさんは、「私が悪いわけではなかったんだ。私が何をしようと、しまいと、夫の暴力や暴言を止められない」、「暴力は、暴力という行動を選択した夫の責任だったんだ」と気づき、別居に向けた行動を起こした。

私の主な職場は行政機関であり、仕事の内容は、第1段階と第2段階にいるDV被害者のサポートである。つまり、DV被害者だと認識していない方が、自身をDV被害者だと認識した上で、今後夫との関係をどうしていきたいのか自己決定するプロセスの支援である。第2段階で、DV被害者が「夫とは別居して、その後離婚する」と自己決定した場合、基本的に私の支援はそこまでになる。なぜならば、DVの場合、夫の追跡を避けて安全に暮らせるように、できるだけ夫の知らない場所、特に遠方に転居することが多いからである。したがって、転居することで第3段階に移ったDV被害者に対して、継続的に支援を提供するのは困難である。

ヨシコさんの場合も遠方に転居したために、私は第3段階にいるヨシコさんの様子を知ることはほとんどできなかった。その後、ヨシコさんが遠方に転居して約1年後、私の元にヨシコさんから手紙が届いた。彼女は手紙の中で、無事離婚が成立したこと、夫と離れたことで、いかに緊張状態の中で自分自身を抑えて生活していたのかに気づいたこと、自分も子どもたちも心身の不調はあるが、これからは結婚前に取得した資格を活かして再就職したいことが書かれていた。主語を失ったヨシコさんが、もう一度「私」という主語を取り戻して自分の人生の歩みを再開したのである。

私は、臨床心理学の大学院在学中に修士論文を執筆した。テーマは「DV被害経験からの回復プロセス」についてである。その過程で、8名の女性たちに話を聴いた。彼女たちは、DV被害を受け、その後回復し、現在は民間DV被害者支援団体において支援者として活動している女性たち、つまり、第3段階にいる女性たちである。インタビューの中で、私は女性たちに「あなたが考える回復とは何か」をたずねた。すると、彼女たちは、「人とつながりながら被害経験の学びを活かして新しい自分を作っていくこと」、「自覚的に傷とともに生きること」、「自分を好きになること」、「社会にお返しできるようになること」だと教えてくれた。彼女たちの言葉はこんな風にも言い換えることができるだろう。つまり、「『私が』新しい自分を作る」、「『私が』自分の傷を自覚する」、「『私が』自分を好きになる」、「『私が』自分の経験を活かす」。皆、「私」を主語に、自分自身を人生の主人公にすえて回復をとらえていた。そして、全員が紆余曲折ありながらも、自分なりのやり方で回復プロセスを歩み続けていた。１時間半から２時間にも及ぶインタビューの中で、ほとんどの方が「語ること、聴いてもらうことが回復につながる。今回話をすることは辛かったし、涙も出たけれども、改めて自分がたどってきた回復の道を再確認することができた。ありがとうございます」という言葉を私にかけてくれた。

四
「主語」を取り戻す

DV 被害者から、「こんなに私の話を聴いてもらったことはない」、「家族にも理解してもらえなかった。相談員だけが私の話を理解してくれた」と言われることがある。DV 被害者は、相談員である私という「聴き手」を得ることで、ようやく「語り手」になることができる。DV 被害者の話を「あなたが我慢すればよい」、「あなたが夫を手のひらで転がせるように頑張りなさい」と被害者に問題があるとする聴き手に対して、DV 被害者は語り手になれない。

DV 被害者の視点で、その方の経験や気持ちを知りたいと思い、DV 被害者の取った行動や気持ちを「そう行動したり、感じたりするのも無理もない」という聴き手の存在によって、ようやく DV 被害者は語り手となって、自分の中から言葉を取り出し、「私」を主語に語り始める。

それは単に言葉のやりとりだけではない、言葉のやりとりを通して、夫婦の間の問題として閉じられていた DV の問題が、相談員という「聴き手」

を通して第3者の視点が加わっていく。そして、語り手自身が第3者の視点を通して、自身の体験を俯瞰し、相対化することができる。DV被害者が、相対化した視点で自分たちの関係を眺めることで、よりクリアに今まで見えなかった景色が見えてくる。それは、DVは、「私」の問題ではなく、「私たちの社会」の問題という気づきにもつながっていく。

同時並行で、DV被害者は、自分自身の気持ちにアクセスしはじめ、感情を抑え込むことでやり過ごしていた気持ちが、少しずつ隙間を見つけて浮き出てくる。どのような気持ちを表出しても道徳的な価値判断をされず、それはあなたの気持ちとして善悪の判断をされない体験を通して、自分の感覚にも少しずつ自信を取り戻していく。そのようなプロセスを少しずつ、繰り返したどることで、DV被害者が「私」という主語を取り戻していき、「私はこうしたい。私はこう考えている。私はこう感じている」と「私」を主語に自分の人生の再構築を始めていくのである。

モノを介して「本音」を引き出す
―作業療法の現場から―

黒 岩 理 絵

一
作業療法と私

1 作業療法とは

作業療法士の社会的な知名度は低く、その実践の内容を一言で説明するのが難しい。いわゆる「リハビリをする人」と言えば、おおよそのイメージが沸くかもしれない。しかし、一般的に、多くの人がイメージしている「リハビリをする人」は、理学療法士であり、作業療法士については、具体的に何をしているのかは、あまり広く知られていないように思う。敢えて区別するならば、理学療法士は身体機能を担当するのに対し、作業療法士は、身体機能を基礎とした応用動作、心技体の「心」と「技」を担当している。病院によっては、腰から下の身体部位を理学療法士、腰から上の身体部位を作業療法士の担当する箇所として分けたりもするが、最近は両者様々な分野で活躍しており分野分けは難しくなっている印象もある。

一般的に作業療法とは、「人々の健康と幸福を促進するために、医療、保健、福祉、教育、職業などの領域で行われる、作業に焦点を当てた治療、指導、援助である」(作業療法士協会2018年)」と定義される実践であり、作業療法において、「作業」は、以下、「作業には、日常生活活動、家事、仕事、趣味、遊び、対人交流、休養など、人が営む生活行為と、それを行うのに必要な心身の活動が含まれる」、「作業には、人々ができるようになりたいこと、できる必要があること、できることが期待されていることなど、個別的な目的や価値が含まれる」、「作業に焦点を当てた実践には、心身機能の回復、維持、あるいは低下を予防する手段としての作業の利用と、その作業自体を練習し、できるようにしていくという目的としての作業の利用、およびこれらを達成するための環境への働きかけが含まれる」と説明されている。（作業療法士協会2018年 https://www.jaot.or.jp/about/definition/）

基本的に、作業療法士は心身の機能回復に、「作業」つまり、モノづくりや実際の生活動作を用いながら、患者さんの心身の状態を把握するための評価を行い、病後の社会、日常生活復帰にむけた身体機能・生活技能訓練をしている。作業療法士の勤務先、働き方は様々だが、おおまかに一般病院や精神病院、高齢者施設、小児医療施設がメインとなる。最近では、学校、障害者就労支援施設や一般企業など医療の枠を超え福祉や教育の現場にも配属されるようになってきた。

私は、これまで10年ほど、作業療法士として、地域にある神経内科をメインに内科疾患、整形外科的外傷や疾患、高齢者の認知症まで、ありとあらゆる身体、精神機能の疾患や障害を抱える患者さんに関わってきた。基本的な身体動作から着替えなどの身の回りの動作や復学、復職に必要な機能など、幅広く退院後の生活に向けての作業療法を行ってきた。一般病院での作業療法と、精神科病院での作業療法のキャリアを活かして現在は精神科病院や障害者施設、相談ボランティアにて患者さんや一般のクライアントさんの心と身体に関わっている。

2　精神領域での作業療法

作業療法士の対象は多岐に渡り、私がこれまで担当してきた患者さんたちも、多様な疾患や障害を抱えている。その中でも、本稿では、作業と言葉の関係性という視点から、精神機能の疾患や障害を持つ人たちへの作業療法に焦点をあて、私の実践について述べてみたい。私は、大変珍しい閉鎖病棟のない病院で治療が難しいとされるうつ病や、人格障害、摂食障害、適応障害、虐待被害者や思春期発達障害などの新しい疾患や、昔ながらの慢性期の病院で多く出会う統合失調症、老年期の認知症まで多様な患者さんを担当してきた。

精神科病院で提供していた作業療法は、入院後、医師が患者の心身の状態を評価し、作業療法を処方する。一般的には、作業療法士は、病院に併設される作業療法室という広い部屋で患者さんに対して、モノづくりや運動などの作業を行う。通常、入院直後は、患者さんは、人に対して緊張を感じることが多いので、特に他者との交流は行わず場の共有のみ行うが、病院によっては集団作業療法として同一の課題にグループで取り組んだりもする。

私の勤務していた病院では、集団作業療法に加え、一人の患者さんに対して一人の作業療法士が付く個別作業療法があったため、私は、患者さんへより丁寧な関わりが可能となった。そして身体への関わりも重要だと感じた私は、医師に許可を得て、筋肉の緊張を緩和させるリラクゼーションや気功、ベリーダンス、その他の様々な体操やボディーワークを多く実施していた。個別作業療法は希望者に処方されていたというのもあるが、患者さんからの人気が高く、作業療法士の関わりを拒否する方や休む人は、ほぼいなかった。

3 精神疾患患者の特徴

精神科では、身体疾患と違い血液検査などの生体検査によるデータによる診断や治療が行われるというよりは、患者さんの語りの内容が診断や治療の目安になることが多い。そこでは、本人からの言葉による訴えが治療や機能回復、成長にとっても重要な指針となる。そして、その言葉による訴えが「本音」であればある程、症状の軽減や人生の生きやすさに繋がる。しかしながら、患者さんが「本音」に到達するのは簡単ではない。

今まで関わってきた患者さんの多くは、職場の人間関係がうまくいかない、意欲が出ない、落ち込みやすい、疲れやすい、不眠だなど、心身の状態に関する表面上の症状や困りごとへの訴えをする。それらは、確かに本当なのだが、その訴えには、今起きている現状の背景にある「本音」の語りがない。私は、「では、なぜ眠れない、食べられないといった症状を出し続けているのか？」、「そういう虐げられる事実は今に始まったことなのか？」、「あなたはそう言うけれど、それって本心なのか？」と思わず尋ねたくなってしまうのだ。おしなべて、患者さんの多くは、私が、「本当のところ、あなたは、どう思っているのか？」と感じることを語らない。そして、恐らく今までも語ってきていないのだろうと感じてしまうような、自分自身の「こうありたい」を諦めて、他人のために「こうしたほうがきっと褒められる」といった社会規範に沿った行動をしたり、相手が期待する言動を先読みする、いわゆる「いい子」が板についている。

そして、患者さんは、出会う人々を自分の「敵か味方」の2項対立で判断する傾向があり、簡単には、医療従事者に対して心を開いて自分の「本音」を語らない。もちろん、初対面でいきなり何も自分の背景を知らない相手に自分の個人的なことについてベラベラと話す人もいるが、あくまでそれは疾患や障害の症状であることが多い。そういう人も、これまで過去に無意識に自分の正直な気持ちを抑圧し「いい子」をやってきた経験があったりする。問題行動を起こすようなトラブルメーカーと多くの人から敬遠されるような人でも、特定の人には「異常にいい子」をやってしまう傾向がある。

私は、過剰な「いい子」は必ずや人生選択や生きづらさとして感情の歪を生じさせると思っている。その歪の矛先は自分に向くかもしれないし、他者に向くかもしれない。自分に向けば、自己破壊的、自傷的行動をとるし、他者に向くならば反社会性をおびた問題を起こしたり、私利私欲のために他者をコントロールしようとすることがある。もちろん、そこは個人差があるのだか、とにかく、私が、作業療法士として患者に関わる際は、新たなる感情の歪を起こさせないように、なるべく患者さんたちには、あなたに何が起きたのか、あなたは、本当はどう思っているのか、あなたは、どう生きたいのかの「本音」を言ってもらうことが重要なのだ。

4 精神科における作業療法の意味

精神疾患を抱えている患者さんたちは、自身の失敗や不安について常に思考が巡っており、「自分のせいだ」と自分を責めたりしている人が多い。自分で自分を責め緊張させるから、また失敗するという負のループが本人をより苦しめる。その思考の沼から抜け出してもらうにも、モノづくりや運動といった作業はとても効果が高い。作業療法として単純軽作業を一定時間行うことにより、目の前のことに意識を集中するという「没頭体験」ができるのである。患者さんの多くは「作業に集中していると、嫌な事を忘れられる」という発言をする。患者さんたちは、誰かに言われなくても常に自分の至らなさ、過去に体験した嫌だった出来事などに常日ごろから嫌というほど向き合っているし、思考が回っている。向き合い過ぎているところもあるので、作業療法の時間は、なおさら頭の中の思考から少し離れる時間を持ってもらうことが重要である。

摂食障害の患者さんを例に挙げると、彼らは、カロリーの高い食事をしないよう常に何を食べるべきかを頭の中で考え、計算していたりする。また、自身の今の行動が体重増加に繋がるから、座っていることすら罪悪感を持つので、あえて立ち続けたり、低体重で命の危険がある中でも痩せようと長距離を毎日走ったりすることがある。そういう行動で、自分自身を追い込み、自分を傷つけ、自傷行動とも言える苦しい世界の中に身を置き、常に自分の行動の結果や周りの反応を気にしながら生きている。

摂食障害は、食べる、吐くといった摂食に関わる行動の問題と捉えがちではあるが、複雑な背景が根底にある。摂食障害を例にあげたが、一般的に精神科疾患全般の症状の原因には、個人の要因だけでなく、それまでの生育環境や疾病をもたらした状況がある。患者さんにとっては、過去に起きた出来事が過去の体験として終わらず、現在に影響し続けるのである。多くの患者さんが存在する時空は、「今ここ」の現在よりも、「過去」や「未来」であり、彼らは、そこでの不安を感じている。「これを食べたら、絶対に太る。皆に嫌われる。価値の無い私」、その思い込みのループにハマっている状態は、その人の本当はこうありたいという姿とはかけ離れた苦しみの世界なのである。

私は、作業療法士として、こうした患者さんに対して、言葉だけでなく作業という「モノを介して本音を引き出す」という実践を行ってきた。次に、その具体的なプロセスについて摂食障害をもつ患者さんに対する事例を紹介したい。

作品例

二
「摂食障害」を持つ患者の事例

1　覇気と「本音」のなさ

「あ、はい、よろしくお願いします」。長身で、長い髪をサラっと横に揺らし会釈をして答えたのは、14歳の遥さん。作業療法のオリエンテーションで病室に伺った際に私が抱いた遥さんへの第一印象は、覇気は無いが、お上品なお嬢さんといった感じの空気感であった。穏やかではあるが、少し冷たいような他者と一線を引いた感じの人を寄せ付けない雰囲気を醸し出していたが、別にそれが心地悪いという訳では無く、それなりに他者に合わせようとする社交性も薄っすら感じていた。

医師からの処方は、座っての作業だった。本人は低体重で健康上の危険があった為、エネルギー消費の少ないプログラムが指定されていた。本人にプログラム表を見せて希望を尋ねると、暫くメニューを見て考え、「さーどうでしょうー？わからない」といような表情で首を傾げて薄ら笑みを浮かべておられたので「初めは塗り絵をおススメしてますよ」と伝えると「あ、じゃあ…、それで…」と答えた。そこに、思春期らしい無邪気さは無く、妙に落ち着いたというか、気力や活力みたいなものが感じられなかった。摂食障害による健康問題からくる倦怠感もあるだろうが、それ以上に感じる「そちらに合わせます」という主体性を感じない、よく言えば、相手に合わせ順応するスタンスであった。

2 作業（塗り絵）を通じた関係性

作業療法の初回は、彼女からの抵抗も特に無く、一緒に塗り絵をした。最初の時間は私が用意した色鉛筆で塗り始める。彼女の動きに快活さは無く、ただ淡々と１カ所ずつゆっくりと塗っていた。ぼーっとした感じの無表情で作業をしているが、私の方から本人の好きなモノについて質問すると「私、音楽好きで聴きますよ。iPod にボカロ入れてます」と答えた。「何それ？」と更に尋ねると、可愛いショルダーバックを漁り、ケータイの中にある曲を見せてくれた。「黒岩さんは、どんな音楽が好きですか？」と、私にも質問してくれた。「黒岩さん、色塗り上手いですね」などと、そううまくもない塗り絵を褒めてくれたりした。

遥さんは、作業療法士や作業療法の内容に慣れてくると、自分で道具を出したり、会話中の自然な笑顔も出てきた。面白くもない話でも、お腹を抱えて激しく髪を揺らして笑うなどの様子も見られた。私に対して気を使って、一緒にいる時間を盛り立てる様子もあり、大人慣れしているなと思った。「私、大人との会話の方が好きなんです」と同年代との交流が難しいという様子を匂わせる発言もあった。少しずつ自分の要求がでてきて、「今度一緒に歌いませんか」などと、曲を持ってきてくれたりした。

私は、本人からやりたいという提案を大切な歩み寄りの機会として捉え、本人の誘いにも乗って曲中に出てくる早口のフレーズを何度も失敗し、ワイワイと笑いながら歌ってみたりした。特に、若年の患者さんとは、いわゆる「専門職」らしいお堅い雰囲気で関わるよりは、近所のお姉さんくらいのスタンスで関わると関係性を構築しやすい。私は患者さんとは、ラフな関わりを得意としていたし、彼女からは、段々と「私、これが作りたいです。でも、作れないから黒岩さん作ってくれませんか」という甘えとも言えるような要求も出てきた。こうした依頼は、摂食障害ならではの、自分のこだわりを守り通すことに集中してしまい、強引に相手を動かすような訴えにつながる可能性もある。そこで、早い段階で私のほうから、作業療法士がやれることと、やれないことをしっかりと彼女に伝え、その枠組みの中での自由を楽しんでもらった。本人の要求に答えることで、より関係性構築が強固となると判断した場合、特に初期では、相手の自由に引っ張られ過ぎないようにしつつ、可能な限り相手の意思に沿って本人の要求を受け入れたりもする。遥さんに対しても、私は、例外に漏れず、もう少し本人の要求を受け入れ距離を縮めてみようと試みた。

3 語られない親子関係

遥さんは、社会的に活躍する親の希望に沿って入った偏差値の高い学校で、親の期待に応える為に頑張ってきた話をしてくれた。「勉強部屋がガラス張りなんですよ。そこに毎日籠って勉強するように親に言われてました」、「お母さんは、100点以外は認めませんね」とも教えてくれた。「え、それ大変だねえ？」と尋ねた私に対して「や、別に、あたり前だと思うので」とサラっと涼しい表情をして答えていた。私の仰け反るようなリアクションに対し、ニヒルにほほ笑み、満足そうな様子が印象的だった。自分からは、その母の態度が特に嫌だという感想もなく、私は、そんなハードな毎日を送ってきている遥さんは、そういう自分を誇りに思っているかのようにも感じた。

私は、作業療法士として、患者さん全ての人に対してそうなのだが、基本、本人が展開する話題に沿って会話をするので、あまりそこから逸脱した話題には触れない。特に、思春期の患者さんには、学校や家族の話題は症状の悪化に繋がることが多く、本人が話してくる以外はあえて触れないようにしている。遥さんに対しても同様に、彼女が発信する話題の中で会話をした。彼女の語りの中では、学校の人間関係に関する話題は一切なかった。

テストで高得点を取るのを「当たり前」だとさらっと話し、飄々としていた遥さんに対しても、私は、症状の裏付けとなる何かしらの訴えたいメッセージが得られればラッキーだし、たとえ何も得られなくとも、それはそれで良いくらいのノリで作業療法を一緒に楽しんだ。遥さんの場合は、まだ本音を言葉で引き出すような作業は時期尚早だと思ったので、特に深堀せずに塗り絵やミサンガ作り、散歩を一緒に楽しんだ。私にとって大事なのは、作業療法の時間は、遥さんにとって「楽しみの時間」と認識してもらい、できるだけ作業療法士に慣れてもらうことなのだ。

4 表現される怒りの感情

それから遥さんとは長らくほぼ毎日作業療法をした。作業は、オープンスペースで行われ他の作業療法士や患者さんとも場を共有しているので、遥さんは、誰も居ない時を見計らって、私に、自分の症状について語った。「私、一人で30人分くらい買い込むのでコンビニ出禁になってます」、「吐き方、11歳の時にネットで勉強したんですよねー」というような重い話をサラっと真顔でする。その度に私は、本人の発言を否定せず聞いた。恐らく、彼女はこの段階で、私が自分の話をどこまで受け入れてくれる作業療法士なのかを判断していたのではないかと思う。

それから、遥さんは何度となく入退院を繰り返した。時に、母親に対しての怒りの感情をぶちまけ、病室で大声を出して叫んだり、大暴れすることもあった。彼女の怒りの感情が溜まっている時には、私は、作業療法として散歩に連れ出した。ものづくりでもよかったのだか、そこはあえて外の景色の力を借りて、彼女が見えている場面を切り替えたり、歩行という軽度のリズム運動による脳内のリフレッシュも狙った。散歩は、注意を身体や外の景色や空気に向かせ、確かな心地よい感覚で頭を忙しくさせ、不確かで不快な気持ちが脳内を占拠するのを防ぐにはとても良い作業療法のメニューであった。

病院の外には、彼女が、風を感じ、音、匂いなど様々な五感を刺激する情報で溢れており、散歩は、場面切り替えには、とてもよかった。爆発的なエネルギーを外に発散すべき人には、作業として野外での身体活動が向いている。過去の嫌だったこと、自身の不安や悩み、心配ごとなどがグルグルと頭の中を回り、そうした思考で頭ばかり動かしていた患者さんにとって、散歩は、目の前に集中すべき感じるものや味わうものが多いので、意識の分散ができる。怒りの感情が溜まっている思春期の患者さんにとっては、外出は、突発的に行動して事故に合うなどのリスクが伴うが、汗をかかない程度の軽度な運動で血流を上げ、筋肉の緊張を緩める運動による感情の発散につながるという効果がある。

実際、この時の遥さんは、モノづくりを楽しんでいたというよりも、モノづくりや散歩を通して顔見知りになった作業療法士と冗談を言ったり、笑ったり、時に無理難題を言って少しずつ作業療法士を試しながら、ちゃっかり懐に入ってみたりと楽しい時間を一緒に過ごしていた。私は、このときの彼女にとっては、こうした「人との戯れの作業」が大切であったと感じる。作業療法は、特に言葉を使って自分の気持ちや意思を表現することが難しい虐待被害者、子供、重度の障害者、無意識的に嘘をついてしまいがちな人、自分というものを出せずに生きてきた精神疾患の方などの心の内を表面化する手がかりとなる可能性がある。

5「いい子」ではない私の表出

案の定、遥さんは、私に慣れ、「この人、何しても怒らない」というのがわかると、いきなり走り出し、橋の上から川を見つめ「ここから飛び降りてもいいですか？」などと私に対してのお試し行為もあった。しかし、私は、驚くことはせず、なにごともなかったかのように本人と関わった。

彼女のこうした挑発的な言動は、どうやら外泊中、母親と喧嘩したのが原因のようだった。私が、そうした言葉に過度に反応するのではなく、「その川、ドブだし汚いよ、気持ち悪い魚もいるし」と声掛けすると、彼女は、あっさりと行動を辞めた。今までになかった私への激しい問題行動を遥さんは見せた。しかし、私は、関わりの中で、本当に飛び降りたいのではなく、「今の私はそこまで辛い思いをしています。あなたは、それをわかってくれますか？」という彼女の訴えなのだと察した。もちろん、本当に飛び込むかもしれないし、その時はどんな対応をするかというシミュレーションをして万事に備えていた。

次の日も変わらず散歩に連れ出すと、遥さんは静かについてきた。私が、大切にしたかったのは「あなたが、いい子でなかったとしても、私は、ガチンコであなたと向き合いますよ」という覚悟の姿勢を彼女に見せることであった。遥さんは、挑発的なお試しにより、私がそうした行為でタジタジ、オロオロと不安がったり、あるいは、ヒステリックに応戦したりと、心が揺らぐ作業療法士なのかもチェックしていたと思う。

しかし、遥さんも昨日の挑発的な言葉やお試し行為を反省していたようで、この日はおとなしくなにごともなく歩いた。この一件で私は、ぐっと本人の「本音」に近づく機会を得たと感じた。「遥さんらしくない行動だったけど、何かあったの？」と彼女に伝え、そのまま、一緒に外に出た。彼女からの語りがあってもいいし、なくてもいい。私は、それよりも、作業療法の時間は気持ちを切り替えて楽しんでもらいたかった。

6　語られる「本音」

この日は快晴で、潮風がとても気持ちよかったのがありがたかった。私にとっても、遥さんにとっても最高の天候だった。もちろん、それが曇りでも、雨でも、その天候は場面切り替えにはとても良い道具になったのは間違いない。昨日通ったのと違うルートを選択し、広い海を見に行った。話のネタに十分な美しい海岸の景色や、心落ち着かせる波が見れる場所があったからだ。

一緒に病院に戻り、トイレに寄った際、遥さんが鏡を見ながらボソっと「うちのお母さん不倫してるんです」と語った。「お母さんは、私がこんな風に色々知ってるの気づいてないと思う。だから私を邪魔にして入院させてるんだと思います！お父さんが出張でいないからって！」。やや強めな口調で興奮気味に語ったが、その表情は、伏し目がちだった。

今まで、いい成績を取るのが当たり前だとか、自分がいかに摂食障害で問題な症状を呈しているかなど、母親への激しい反発しか見せなかった遥さんが、自分から、母親に対する怒りに加え、寂しさのような感情を表出させたのだ。私としては、今までにない話の内容と彼女の様子だったので、もう少し、彼女が母親に対してどう感じているのかを知りたかった。しかし、ここで深く掘り下げると彼女は、病棟に帰ってから感情を爆発させるかもしれないと思い、「私は、あなたの言葉をしっかり聞きましたよ」という意味合いを込めて「そうだったの。その話は初めてしてくれたね」とコメントした。

するど遥さんも静かに、目を閉じて息を飲み込むようにゆっくりと深くうなずき、その後は沈んだ表情で下を見ていた。私は、この瞬間、遥さんと深いトコロでの感情を共有できた気がした。彼女の口からは、ハッキリと感情を言葉で語ることは無かったが、その表情は、長年の付き合いの中で見てきた遥さんと比較して、今まで見たことが無い物悲しさを表していた。合わせて、彼女には、私に話を聞いもらえたことによる安堵もあったのではないだろうか。私の「初めて話をしてくれたね」という言葉に対して頷いた彼女の表情は、自分の言葉を受け止めてもらい、改めて感じる悲しみを噛みしめ、頷いているように見えた。私は、彼女の様子も含め、この日の出来事を遥さんからの大切なメッセージとして捉えた。

そして、私は、こうして自分を表現した遥さんには、その後のフォローが大切だと感じたので「明日のリハビリは一番早い時間で入れようか」と提案した。彼女は、それに応じ、私は、翌日の作業療法の予約を設定したあとに、彼女を病棟に送った。それから、私は、その日の担当看護師に遥さんが語った話を伝え、経過観察の依頼を伝えた上で、カルテにその日の彼女の語りと様子を詳細に記載した。

三
作業療法の可能性

1 「本音」の語り

事例のように、患者さんが「本音」に到達するまでには様々な階層がある。まずは、自身の身に起きた出来事に対する語りである。そこを越えると、その体験に対する怒りや憤りなどの激しい感情が出てくる。人によっては長期に蓄積してきた感情は、爆発的なエネルギーとして外に放出されることがある。遥さんが暴れたのも、その蓄積されてきたエネルギーが源であると理解できる。その先には、患者さんが見せる激しい感情表現の更に深層に、寂しさや悲しさのような弱くて消え入りそうな感情、認めたら惨めで苦しいと感じるような感情が潜んでいることがある。

私は、この深層の感情こそ、患者さんたちの「本音」ではないかと感じているし、それを表現してもらうことが作業療法の重要な意味だと思っている。そして、この「本音」というのは、時に言葉ではなく作業療法で見られる反応として現れることも多い。例えば、塗り絵を真っ黒に仕上げる人の聴覚、視覚などの刺激に対する過敏さを見つけ出し、刺激を少なくすると、患者さんが絵や枠組みを認識し、多色使いで着色するようになったりする。また、「ゲームに参加したい」と言って他者からの誘いに乗って参加した患者さんが、大量に発汗するので参加率を減らしたら、精神症状が激減し、自然と参加できるようになったこともある。このように作業療法士が、反応から「本音」を汲み取って周囲の人の関わり方や環境を変化させ、困りごとを解消したりすると、患者さんの症状が軽減することがある。私にとっては、患者さんの言葉による語りよりも、本人の作業の仕上げ具合や取り組み具合、作業中に見られる表情などを見る方が、「本音」に近づきやすいとすら感じる。言葉の方が、複雑で煩わしいし、言葉には嘘が混ざるのだ。

2 戯れ、甘える関係性

作業療法には、治療的要素を持っているにも関わらず、治療の気配を感じさせない実践の特徴がある。言葉を介さずとも一緒にモノを介して作業を楽しむことで、そこに患者さんと作業療法士のやりとりが生まれる。患者さんにとっては、楽しい作業で夢中になったり、他愛もないおしゃべりをして笑ったりする時間は、肩の力を抜いて穏やかに過ごせる大切な時間である。

「何を聞かれるのだろう」、「話さなければいけないのか」と身構える患者さんに対して、医療従事者でありながらも「外の空気吸いに行きますか？」と、患者さんのセンシティブな部分に触れずに関われるのも作業療法士ならではの特徴である。作業療法士は患者さんと一緒に作業をしながら患者さんの表情、声のトーン、作業への取り組みなどを総合的に見て、感じて、「近づく」、「見守る」、あるいは、「そっとしておく」などの対応を行う。

一部の患者さんにとっては、遊びのような作業療法と近所のお兄さんお姉さんのようなカジュアルで馴染みやすい作業療法士との触れ合いが、戦々恐々と他人の顔色を伺い生きてきた人生観に、「相手を敵か味方で見る必要がない」、「いい子でなくても受け入れられるかもしれない」といった新たな価値観をもたらす可能性がある。その新たな価値観が、「この人にちょっと甘えてみたいな」というような思いを作業療法士に抱くきっかけとなったりする。私は、その「ちょっと甘えてみたい」というような淡い「戯れ」への欲求こそ、他者を信じて自分を語る、つまり、「本音」の語りが実現するための大切なプロセスなのではないかと感じる。

作業療法の面白いところは、患者さんからの「本音」の語りを第一優先で狙っている訳ではないけれど、狙っていないがゆえに一部の「本音」を語らない人々にとって、「本音」に近いメッセージ発信がなされる現象に出会えることである。「どうにかしようとしていない」ゆるめの関わりが、患者さんの警戒心や緊張を解きほぐし、「どうにかして欲しい」を引き出すこともある。

私自身、特に感覚が鋭かったり、他者からの病気に対する同情心だったり、救済心のような感情に敏感で、そうした上から目線とも捉られ兼ねない気持ちに嫌悪感を抱く患者さんに対して、病気を治す治療者になりきらないことで、患者さんの自然な「本音」に触れるケースが多かったように思う。「外の空気を吸いに行きますか？」と治療らしくないゆるめの提案ができる作業療法、そして、作業療法士との関係性が、患者さんの「本音」を引き出すための第一歩となる可能性を秘めているように思う。

生き方を広げる価値ある体験を創る
—障がいのある方の就労支援の現場から—

石丸徹郎

一 はじめに

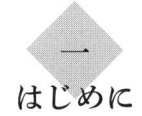

1 障がいのある方の働き方と生き方をつくる

今から10年以上前、私は広告代理店を営んでいた。その時に引きこもりからの自立支援団体から依頼を受け、中期的に精神障がいのある方たちと関わる機会があった。精神障がいのある３名の若者との対話中、「私たちは施設に行くしか選択肢はないんです」と涙ながらに訴えられたことを鮮明に覚えている。聞けば、地域には彼らのこれからの人生に夢を抱くことができる進路がないと言う。憧れの仕事や生き方を目指しながら様々な体験を重ねて成長していくはずの20代を彼らは障がいがあることを理由に自身の選択で人生を歩むことが難しい環境にあった。彼らにとっての「ままならなさ」は人生を選ぶ過程を体験できないことだと感じた。

私自身も将来像を明確に描くことができず30歳まで悩みながら生きてきた経験がある。こうした経緯から、障がいのある方だけでなく、全ての人が生き方の選択肢が広がる社会サービスの必要性を感じていた。そして、まずは障がいのある方の就労を支援する福祉サービス事業所（以下、就労支援事業所）の開設から事業をスタートした。

障がいのある方が抱える働き方、生き方に対する悩みに共感したことが大きなきっかけとなり、当時、福祉業界で働いた経験もなく制度のことも何も知らなかったが、障がいのある方に向けた福祉サービスを始めた。自分らしい生き方の実現に向けて歩んできた自身の体験をもとに、これまでに就労支援事業所４施設と障がいのある方の経済活動を生むための法人３つを設立し、障がいのある方の支援に取り組んでいる。

障がいのある方の就労支援に関わる中で「福祉施設だけで福祉をしない社会」の仕組みが必要だと考え、企業×福祉を当たり前にする取り組みを実施している。

私たちの就労支援事業所では、障がいのある方が社会で生きる一員として、多様なキャリアデザインを実体験を通して考えることができるように「株式会社を運営する障がい者福祉事業所」として訓練を実施している。就労訓練の一環としてデザイナー、クリエイターとして収入を得ることができるサービスの提供や個人事業主として模擬就労ができるワークスペースの開設など、「働くこと」、「生きること」の自主性と多様性に挑戦できる環境を大切にしている。

2　大人ブロックを体験してきた20代

「働くこと」、「生きること」の自主性と多様性に挑戦を重ね続けた私の20代の最大の敵は「大人ブロック」だった。周囲の大人が「当たり前」だと思っている働き方から道が逸れると途端に大人ブロックが発動する。23歳で個人事業を始めると「ちゃんと就職しないとダメだ」。25歳で起業すると「うまくいくわけがないからダメだ」。その後も教科書に載っているようなワークライフスタイルから逸れると「そんなんじゃダメだ」と大人ブロックがすごい勢いで飛んできた。面白いことに、大人ブロックの発動者は、私と同じ道を歩んだ先達ではなく、私と同じような道を歩いたことがない大人たちばかりだったことである。体験したことがないからこそ想像できない恐怖の道として私が選ぶ道を否定していたのだろう。

そして障がいのある方に向けた就労支援の現場において、サービス利用者（以下、利用者）にも「支援員ブロック」なるものが現れる。「こんな支援を望んでいるはず」、「こんなスキルを学ばせるべき」など、支援員が思い描いた理想の支援を提供するため本人の声をブロックしてしまう。そのブロックの背景には障がいのある方を就職させたいという強い気持ちがあり、障がいのある方の就職が厳しいこと感じているが故に、堅実でスキルに直結するような資格取得などの支援に目を向けてしまいたくなる。しかし、利用者の声を無視した一方通行の支援になってしまうと、障がいのある方の自由意志を妨げる「支援員ブロック」として利用者の前に立ちはだかることがある。

数年前、場面緘黙症（他の状況で話しているにもかかわらず、特定の社会的状況において、話すことが一貫してできない症状）のある方が漫画家を目指していた。その時に発動していた「支援員ブロック」は、「漫画家になんてなれるわけない」、「漫画を描く能力よりパソコンスキルの習得が就職につながる」、「挨拶や報告・連絡・相談をできるようになるべき」などであった。

そこで私の事業所では、一切のブロックを取り払い漫画家になる方法を一緒に考える支援を提供した。結果は大手出版社から担当者がつくほどの漫画を描くまでに成長した。しかし、コミュニケーション課題を抱えて漫画家の道は断念したが、画力を活かして病院の院内ポスター等を手掛けるグラフィックデザイナーとして勤務している。

漫画家を目指すことで挫折も経験したかもしれないが、今では漫画を描くことを仕事にしているケースである。障がいのある方が様々な仕事を選ぼうとするときに、「障がいがあるのだから」という理由で周囲からは心配の声が上がることも少なくない。それが漫画家のように地方で馴染みが薄い仕事であればなおさらである。その結果、障がいのある方が自身の意思で選択をしているのではなく、周囲が考えた進路を選択せざるを得ない状況が生まれることがある。

私は、全ての若者は、自身が選択をした結果として起きた出来事を体験していくことこそが大切な成長過程であると考えている。そして、そこに障がいの有無は全く関係なく、障がいがある人も自身の考えで体験を重ねてほしいと願っている。私が若年時代に最も必要としていたものは体験をすることへの挑戦を後押ししてくれる大人たちだった。そこで、私は、障がいの有無ではなく何かを目指す自由を最大限保証し、事業所の職員が全力で彼らの目標を達成する手段を一緒に考える就労支援事業所を開設した。

3「体験の連鎖」の重要性
――無責任な質問ランキング１位「将来どんな仕事をしたいですか？」――

生き方が多様化する中で、働き方も非常に豊かな広がりを見せている。数年前までには職業としておよそ存在していなかったであろう仕事も生まれている。SNS や Web メディアを通じて様々な経済活動の形が生まれ、働く＝企業への就職といった構図に縛られなくなっている風潮も感じる。今や「自分らしい働き方」を通して自分の理想のライフスタイルの実現を目指す文化が形成されつつあるようにすら思える。

その一方で、「自分らしい生き方」を見つけることに戸惑う人もいるのではないだろうか。特に、青年期に仕事と自分らしさをつなげて考えることは簡単ではない。私はその難しさの最も深刻な原因を「自己理解の不足」と「知識・経験の不足」だと考えている。

仕事や自身に対する理解度が低い状況で「あなたの好きな仕事を挙げてください」という質問は残酷ですらある。「あなたは将来どんな仕事をしたいですか？」。こう問いかけられた人は、果たしてどれほどの選択肢の中から「したい仕事」を選び答えることができているのだろうか。厚生労働省の職業分類に記載されている職業は約18,000種類だが、本当に頭の中に18,000種類の職業が浮かんでいるのだろうか。同時に就労支援や進路指導の機会にこの質問を投げかける側は、その18,000種類の職業を提示・説明できるのだろうか。おそらく否である。全ての職業を説明することは現実的に不可能なのは私も理解しているが、この質問を投げかける時には世の中にある選択肢の存在は必ず伝えて欲しいと考えている。

支援員と利用者間においては、利用者が将来の夢や進路を固めるには世の中にある職業に対する知識不足があることに加え、本人の自己理解不足から選択の基準となる自分の意志があまりにも少ないことを相互に理解し、そこから先のアクションを指し示す必要があると考えている。私自身も「自己理解の不足」と「知識・経験の不足」に囚われ、新卒で就職した会社を１年で退職し、22歳からの８年間、自分らしさを見つけるために時間を費やしてきた。その8年間の体験が今の自分につながっていることは言うまでもないが、手探りで自分探しをしてきた中、たった8年間で自分のことを知ることができたことはとても運が良かったと思っている。

今では自分の生き甲斐と確信する「自分らしい仕事」で「自分らしい生き方」を体現できていると自信を持って言うことができる。しかし、今の思考や環境を築くまでにはお手本になるような教科書もなく、およそセオリーと言われるものもなく、ひたすら手探りのトライ＆エラーを繰り返す日々だった。非常に苦しい体験ではあったがそれ以上の糧をもたらしてくれた8年間だった。私のように同様の悩みや壁を抱える人は少なくないと考える。

4 体験をデザインする障がいのある方の就労支援

前述の通り、私の就労支援事業所では豊かな人生の実現に向けて思考と選択を行なっていくためには第一に「幅広い選択肢」が必要だと考えている。そして、選択肢を広げるための就労支援として体験が生まれる機会の提供、すなわち「体験のデザイン」に注力している。

私は体験から生まれるサイクルを下記のように定義している。

体験のデザインから生まれるサイクル
①［選択肢の獲得］　　　：自身の選択肢を増やす体験の積み重ね
②［自己意志の発見］　　：成功体験から生まれる自己意志への気づき
③［意志の表現・言語化］：意志を表現するための手段の獲得。

この3つアクションを繰り返すカリキュラムを提供し、障がいのある方が「体験」を起点にした人生の開拓を実現できる就労支援に取り組んでいる。

「あなたはどこの国の料理が一番好きですか？」。そう質問されたときに本当の「一番好きな料理」を言える人は果たしてどれくらいいるだろうか。おそらく多くの人は世界中の料理を食べたことはないだろう。そして、食べた経験がある限られた料理の中から選ぶしかないはずである。他国の料理を食べたことが多い人は、比較的自分が好きな料理を選べている可能性は高いが、その体験が乏しかった人は自己意志を反映した本当の選択ができていたのかどうかは疑問である。

これは仕事を選ぶ時にも同じ現象が起き得る。就労経験が少ない人にとっては「一番好きな仕事」はもちろん「得意な仕事」を思い描くことはできない。そこで私たちは少しでも多くの職種・業務を体験できる環境を整備するために、割り箸の袋詰め作業のような限定的な作業を固定して行うような訓練ではなく、様々な業務に関わって訓練を受けることができる環境の整備を目指した。プロダクトデザイン、雑貨・布小物の企画デザイン、製造、流通管理、販路開拓まで一貫して行う株式会社の中で、様々な業務を訓練として取り入れている（写真）。

組織としての特徴は、訓練を受ける側、提供する側の両者の中に潜在している「ブロック」を排除する工程にある。「障がいがあるから限定的な働き方しかできない」という両者の「ブロック」を取り除くために、自己肯定につながる働く体験の獲得を重視している点である。そのために障がいの有無に関係なく、能力を活かしてチームに貢献しながら働くことができる組織のあり方を検討し続けている。就労支援の現場でありながら支援員、利用者としての区別ではなく、「効率的な経済活動」を目標にしたチーム形成を目的

社内での作業の様子

とした。支援員上位のピラミッドではない組織配置を行い、障がい名ではなく、会社への業務に基づく貢献度を指標に個々の能力で評価して部門配置したことは、障がい名に囚われない適材適所を実現し、成功体験の積み重ねにつながった。

その体験から、利用者の中にある「こんな仕事ができる会社へ就職したい」、「こんな働き方でチームに貢献したい」、「自分に向いている働き方を見つけました」といった自己意志の育成と形成を実現できた。体験により自分の好きなこと、それの実現に向けての目標をしっかり自己意志として認識することで体験を基にした意志の形成ができると考えている。

二
言葉をデザインする就労支援

1 「働く理由」を自分の言葉にする

私は体験を単発的な出来事と捉え、体験という出来事を重ねて得られた知識や考え、想いなどの全てを経験と定義している。私の事業所では体験のデザインを経て得られた経験（想いや感情など）を他者と共有するための意志を表出する支援を行なっている。

「なぜ、働こうとするのですか？」。この質問を投げかけたとき、「ご飯を食べるため」、「生活をしていくため」、「税金を払うため」、「働かないといけないから」など、外から押しつけられたような回答が半数以上聞かれた。

この手の回答は利用者に限ったことではなく、もっと言えば世代問わず、このように答える方は一定数存在する。社会通念上、「働くこと」は、上記の回答は不正解ではない。しかしこの時の「それが普通だから」、「周囲の人がそう言うから」、「義務だから」といった働く理由には自己意思が存在していないように思えた。「自分にとっての働きたい理由」が、その回答の中には無かったことに障がいのある人の就労へ向き合う意識のあり方についての大きな課題を感じた。つまり、「働くこと」は「しないといけないこと」であり「したいこと」という意識づけができておらず、自分にとって仕事とは何かを問い「言葉」にする必要性を感じた。

そこで働くことは「自己実現のツール」となるものであり、各自の幸せな未来を目指すための活動であることを伝え、自分の幸せな未来を想像し言葉にすることから始めた。その結果、自分の夢を語る言葉が生まれ、仕事に対する考え方の変化が起きた。問いかける言葉を咀嚼し、視点や切り口を変えることが、言葉のきっかけ作る大切な言葉のデザインの一つである。

2　言葉の押しつけからの脱却を模索する

上述した体験のデザインから生まれるサイクルのうち、③［意志の表現・言語化］の「言語化」とは意志の表現であり、目標に向けた有効なアクションではあるが、目的の達成に向けた手段は必ずしも一つではない。初期段階では様々な手段の獲得を探る必要がある。

「オリジナルソングであなたの今の感情を表現してください」。この依頼を難なくこなせる人はどれくらい存在するだろうか。普段は流暢に喋るタイプの人でも表現の手法を限定されると窮屈になることは日常的に多々ある。障がいのある方の支援の現場では、言語化までは、「経験の蓄積」、「自己意思の発見」など段階を経た後、意思の表現を目指す。必ずしも文字からのスタートではなく、広く代替手段の表現を取り入れ、個々の特性に合った表現方法を模索提案している。

就労支援の最大の課題の一つが、障がいのある方の意志の汲み取りである。障がいのある方を対象に「言語化」して意志を引き出すためには入念な下準備が必要な場合も多くある。問いかけに答えが返ってきたとしても、その答えが本人の本来の意思を反映したものなのか熟考することが大切である。「本人がこう言ったから」ではなく、本人の答えに自身の体験からくる自己意志が存在しているのか否か。果たして本人の言葉なのか。日頃、親から言われている言葉を話しただけではないだろうか。見極めることは簡単なことではないが言語化のプロセスを丁寧に確認する必要がある。

意思の形成を図ってきても最後の意志の伝達が叶わなければ本当の意思決

定を実現することはできない。残念ながら「言語」を唯一共通のコミュニケーション手段として断定してしまうことで、本人の表面的に現れた言語に囚われる可能性もある。例えば「事務職希望」という利用者の言語の裏には「対人関係が苦手だから」「多くの業務を覚えられないから」など事務職を選んだ「意思」があり、「意思」を知れば就労を支援する視点が生まれる。その考察のプロセスを省いてしまうと「事務職希望＝ワードエクセルの訓練を本人が希望している」というように言語の背景にある意志ではなく、発せられた言語に機械的に反射して作られる「支援員が考えたあなたの希望」で埋め尽くされた支援計画書が作られることも実態として起こっている。

支援会議の場で本人の言葉を引き出すための段取りおろそかにして、唐突に「あなたの目標はなんですか？」と利用者に尋ねると、利用者は黙り込んでしまうことは多々ある。本来は利用者が黙り込んでしまった時には自由意志を汲み取るための質問や対話を繰り返すことが求められるが、支援員が障がいのある方の自由意志の存在に目を向けずに支援計画書が作成されてしまうと利用者のニーズを無視した強引な言語化による支援計画書が作られてしまうのである。

就労支援の現場で「正しい言語化」を実現ができていないことは、双方に課題を抱える問題であると考える。「声にすること」と「声を聞くこと」。このどちらかだけではコミュニケーションは成立しない。障がいのある方の就労を目指した支援の中では「声にすること」の支援と「声を聞くこと」の手法が必要であり、その手段の模索は日々の課題の一つである。

3　体験を整理整頓して言葉を引き出すアプリ

こうした模索をする中で、利用者の声を聞くための「問いかけの技術」を一定水準へ引き上げるため、障がいのある方が未来の理想の生き方を想像し、言葉を引き出す対話型アプリを開発・試行している。

未来の理想の暮らしに必要な支援の内容、必要な収入、今、訓練で高めるべき能力など多岐にわたって質問を投げかけることで、体験の蓄積の中で潜在的に生まれた気づきを言語化できるようになった。

質問事例「あなたが望む職場の体制は？」
Ａ：１人で完結して働くことができる
Ｂ：２〜３名程度の少人数で働く
Ｃ：大人数の中でチームとして働く

この質問の場合、これまでの様々な環境での模擬就労体験から自分にとって心地よかった働く環境を思い返し、自分の意志で答えを選ぶことができるようになった。アプリを活用した支援計画書作成の取り組みによって、障がいのある方の支援の中で体験から言語を引き出す過程においては、選択肢の蓄積から意志の整理整頓と共に言語化のサポートまで一貫して行うのが有効であることがわかった。

4 言葉の代替手段としての行動

「声を聞く手法」の中には具体的な意志として本人が自覚していないものにも耳を傾ける必要がある。利用者の言語による意志の表出が豊かな段階であれば直接的に言語を媒介にした直接的アプローチを行っている。しかし、利用者によっては言語による意志表出よりも日々の活動の中で変化する意識の汲み取りを求められる場合には、行動の変化から本人の意志を整理整頓する間接的アプローチを行っている。

就労支援の現場においては、商品デザイン業務で行う創作活動では彼らの内面が如実に現れやすい。雰囲気や色味で感情を押しはかる類の話ではなく、作品が商品化される経験を重ねることで日々の仕事へ取り組む様子がどんどん変化していく。徐々に自身の創作能力と市場ニーズの擦り合わせを図る表現が膨らみ、自身にとって次の成功へとつながる仕事との向き合い方を考え始める。やがて商品デザインが「したい仕事」となり、積極的に業務に取り組むようになる。

言語化よりも先に行動化により意思の伝達が行われているこのケースは、言語化を得意としない支援の現場では多く見られる。このような間接的アプローチを効果的にできていることは、限定的な業務に携わる訓練ではなく、製造業を営む株式会社を丸ごと就労支援事業所で運営する私たちの事業所だからこその強みとも言える。

三
体験の連鎖から生まれた生き方の変化

1　オフィスソフトウエアを学びに来て、世界で活躍するイラストレーターになったＡさん

訓練を受けにくる方の中には「事務職」への就職を希望して来られる方も多い。特にコミュニケーションに苦手意識を持っているがパソコンは扱えるという方に「事務職」を希望される方が多い。そして、その希望者の多くは事務職を経験したことはなく周囲からの勧めで進路を決めたというケースがしばしば見られる。おそらく周囲の方が事務職であればコミュニケーションが取れなくてもパソコンと向き合っているだけで業務ができると考え、アドバイスをしてくれたのだと想像はつく。しかし、このケースの場合、事務職へ就労を希望する意思というものは、自分の経験から生まれた自身の意志ではなく、周囲の人が決めた目標でありＡさんの意思から生まれた目標ではない。

当初、本人の口から出た「事務職に就きたい」という言葉に沿って、事務職に求められるオフィスソフトを扱うスキルや電話対応、報告・連絡・相談などの社内コミュニケーションなどの訓練を提供したが、この段階でＡさんは初めて「事務職」の業務を体験し、事務職にはコミュニケーションスキルが非常に重要だと感じたのである。事務作業の模擬就労訓練を通して、他人から聞いていた「事務職」と現実に体験した「事務職」に大きなギャップと難しさを感じてしまい、徐々に作業に向き合う時間が減っていき、最終的には訓練を欠席するようになってしまった。

体験を通して「事務職は今の自分には難しい」との気づきを得て訓練への意欲が低下してしまい、コミュニケーションも最低限の言葉を交わす程度の日々が続いた。事務職への就労希望という言葉は紛れもなくＡさんの言葉

ではあったが、A さんの意思による希望ではなかったことがわかった。そこで、本当に就職したい仕事を知るための自己意志に気づくための体験の積み重ねに取り組んだ。

事業所内で提供する様々な業務をひとつずつ経験してもらう中で、A さんが当初興味を示していなかった商品デザイン業務にも取り組む機会があった。お土産品のデザインとして地域の風景を描いてもらった。これまでは絵を描いたことがないと避けてきた彼女だったが、出来上がった風景画は独特の表現が詰まった個性の塊のようなイラストだった。

A さんにとっては、商品デザイン業務は初めてだったが、そのデザインを見たチームメンバーから称賛の言葉を浴び、自分の中にすでにあったイラストを描く技術が認められる経験をした。しかも自身では優位性があるとは認識していなかった技術であり、体験の中で偶発的に気づくことができたA さんにしか表現できない特異な表現だった。

A さんはこれまでは就労するためには新たなスキルを習得しないと前に進めないと考えていた。「新たなスキルの獲得をしなければならない」という考えに囚われながら訓練に挑戦を続け、うまくいかずに挫折体験を繰り返したA さんだったが、自分の中にはすでに周囲から承認されるスキルがあ

仕事でイラストを描く様子

ることに気づく体験をしたわけである（写真）。

その後、彼女のイラストが描かれた雑貨は地域のお土産品として年間１万点を超える売り上げを誇るヒット商品となったほか、海外で展開する飲食店とのコラボレーションにもつながっている。Ａさんは絵を描く仕事を体験したことがなかった故に描くことを「不得意なこと、嫌いなこと」だと思っていた。しかし、他人から賞賛される体験をしたことで絵を描くことが一転して「自分の得意なこと、好きなこと」に変わっていった。

この体験の前後でＡさんのスキルに変化したものはなかった。体験の機会を経たことでＡさんの意識が変化したのである。障がいのある方の就労に向けた訓練の中では「自分には能力が足りないから働けない」と訴えられることは多々ある。しかし、本事例では自分の中にある能力が仕事に変わる体験が仕事の選択肢を増やし、就労に対する自信につながることが見られた。

さらに特筆すべきは、体験を経てデザイン部門のイラストレーターという役割を選んだ彼女の日々の生活態度が大きく変わってきたことにある。業務の中で本人から自発的に「イラストが描き終わりました。次の仕事はありますか？」といった声かけが生まれ始めた。この一言はイラストを承認された体験により行動の変化がもたらされたことを表している。私は「障がいのある方」が抱える様々な体験と向き合う機会の乏しさが、彼らの自己意志から生まれる言葉を遠ざけていると考えている。障がいがあるからという理由で体験が限られてきた環境で暮らしてきた彼らにとって必要なことは、それぞれにとっての価値ある体験との出会いに他ならない。そして、その価値ある体験は個人によって大きく異なるため、様々な体験の創出と機会の提供が必要である。本件は、彼女にとって価値ある体験を経験できたことで自己肯定感を得ると共に、イラストレーターとして働きたいという自己意志の気づきと言葉につながった事例である。

四　おわりに

私は人生を豊かに暮らす生き方を実現するためには常に選択を迫られると考えている。その選択に必要なことはより多くの選択肢を知っていることであり、その選択肢を増やす方法は体験から生まれると断言したい。

Ａさんの事例のように自身の体験から経験を蓄積し、知識が増え、選択肢の幅が広がる。さらに自身の体験からだけでなく、他人の体験をシェアすることで、そこから得られる経験値や気づきを擬似的に取得できるものだとも考えている。

障がいのある方に向けた就労支援の現場では、体験から始まる意志の表現、すなわち言語化に向けた「体験のデザイン」から「言葉のデザイン」が必要不可欠である。私の就労支援事業所では、支援員に向けたルールがある。何かをするときに「やったことがないので」を理由に断ってはいけないということ。なぜなら体験を獲得できるチャンスだからである。結果に関わらず、新たな体験が経験値として蓄積されることこそ次の行動につながる重要なものであることを伝え続けている。

そして、もう一つの理由がある。「体験していないこと＝出来ないこと」。このような考え方は、人生の経験値が少ない人にとっては、世の中は出来ないことだらけという定義になってしまう。初めて何かを体験するときには前向きな気持ちばかりではないこともある。支援員自身が、その時の気持ちの葛藤や心情をしっかり体験し、理解することが人の体験を後押しできる経験値として糧になるからである。

障がいのある方の就労支援の現場では体験こそが人生を豊かにする宝であるが、体験が少ないことは決して悪いことではない。言い換えれば、これから体験できることが世の中には溢れていることを表している。私は常に体験から生まれる経験や感情は、必ず次の意識や行動を生み出すと伝えている。

就労支援の現場では、「言語化」は当人が望む生き方の設計図に他ならない。「働くこと」は、仕事を通した自己実現の最大化であり、働き方のデザインは生き方のデザインに他ならない。つまり、言語化を目指す仕掛けは、理想の生き方を見つける仕組みのデザインだと言える。

自分を拓く、社会に拓く
—HIV 陽性者ピアサポートの現場から—

加藤力也・大島　岳

加藤は大学在学中から札幌のゲイ・サークルに参加し、東京や仙台でもゲイの団体で活動を継続した。2002年の HIV 感染告知後は、HIV 支援団体である「ぷれいす東京」(後述）のボランティアに参加し、同時に HIV 陽性者スピーカーとしての活動を開始している。2012年からは、HIV 陽性者ピアサポート「ネスト・プログラム」コーディネーターを務める。2021年にぷれいす東京理事に就任した。

大島は、大学で教員をしながら、2023年からぷれいす東京で HIV 陽性者ピアサポート「ネスト・プログラム」に携わっている。大学院在学中に HIV 陽性が判明し、ピアの立場から陽性者に生活史を聴き一橋大学社会学研究科での博士論文を執筆した。主著に『HIV とともに生きる－傷つきとレジリエンスのライフヒストリー研究』青弓社（2023年11月）がある。

一
ぷれいす東京ネスト・プログラム「PGM」とは

本稿では、HIV 陽性者の支援団体で行われている当事者のピアサポート活動ではどのようなことが行われているのか、そこで何が起こっているのかを明文化することで、ピアサポートプログラムがどのようなものであるかを広く知ってもらい、ファシリテーターの専門性と技術について実践を記述することが目的である。

1　HIV 陽性者の社会的孤立

現在、HIV の感染経路の多くが性行為によるものであり、また完治しない病気であることなどから、HIV 陽性者は、社会的な差別や偏見の対象とされることが非常に多い。そのため、多くの陽性者が、他者に対して HIV とともに生きている事実を打ち明けることには困難が生じる場合が多く、誰にも話せず社会的に孤立する HIV 陽性者が多く存在する。

例えば、HIV 陽性であることを告知した途端に友人と疎遠になる、お付き合いをしたいと思う相手に伝えたら拒絶される、HIV 以外の病気を診てもらうために来院した病院で診療拒否に遭う、職場で伝えた結果解雇される、といった事例が現在でも存在し、そのため他者に HIV 陽性であることを明かせないと考える HIV 陽性者は多い。「HIV 陽性者の生活と社会参加に関する研究」（平成23-26年度厚生労働科学研究費補助金（エイズ対策研究事業））によると、親に対して HIV をカミングアウトしていない割合は、同居の場合で25.1%、同居していない場合は59.1% である。また職場の誰かにカミングアウトしている割合は21.1% にとどまっている。

2　ぷれいす東京とネスト・プログラム

ぷれいす東京は、1994年設立の HIV 陽性者及びその周囲の方を支援する認定 NPO 法人であり、「HIV の予防啓発」「陽性者への直接支援」「HIV に関する研究 / 研修」を活動の柱としてさまざまな活動を行っている。

ぷれいす東京では、「直接支援」の中の一つとして、HIV 陽性者やそのパートナー・家族などを対象としたグループ・プログラムを企画・運営しており、それらの活動を総称して「ネスト・プログラム」と呼んでいる。その中で、一番最初に立ち上がったのが後述する Peer Group Meeting（PGM）である。

3　Peer Group Meeting（PGM）とは

PGM とは、「新陽性者ピア・グループ・ミーティング」の略称であり、「ピア」とは「同等の立場のひと、仲間」という意味である。PGM はプログラムとして、HIV 感染がわかってから原則6ヶ月以内の陽性者だけが参加できる。（最新の参加者募集フライヤーは図1参照）

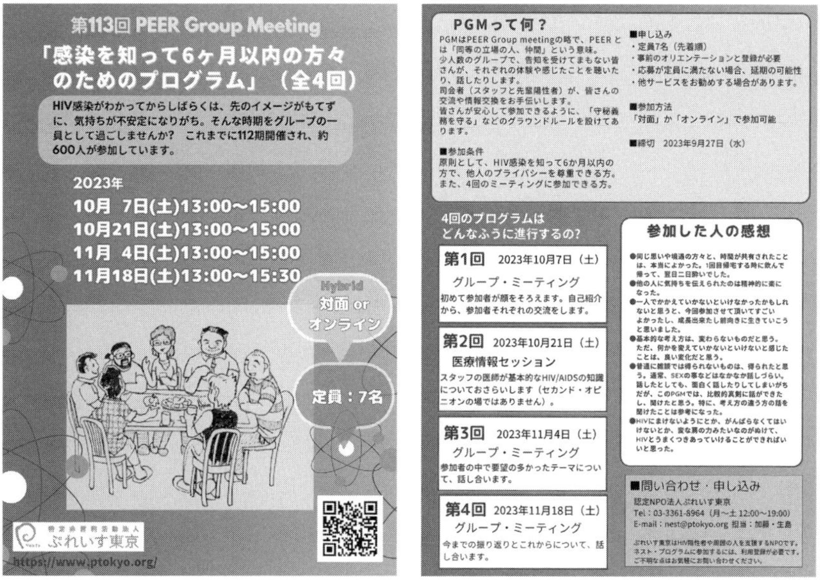

図１　参加者募集フライヤー

一般的に、陽性者同士の個人的な交流には、個人のプライバシーが守られないなどのリスクがある。そのため、1990年代頃には、HIV 陽性とわかったばかりの人、特に、社会的に孤立し、精神的な不安を持っていることが多い人が安心して参加できるピアサポートプログラムが求められていた。

それまで、日本にはそのような HIV 陽性者のピアサポートプログラムがなく、既存の海外プログラムは、日本の HIV/ エイズの実情や日本の文化などを前提に作られたものではなかった。そこで、それまでぷれいす東京で主体的に活動に関わってきた HIV 陽性者の有志と、医師やカウンセラーといった対人援助の専門家が共同でピアサポートプログラムを開発、試行し、2001年４月にこの PGM を立ち上げた。

スタートから22年を超えた PGM は、2023年９月末時点で112回が終了しており、のべ420回開催、実参加人数602名、のべ参加人数2,193名を数えている。

PGM の参加条件は以下の通りである

- HIV 陽性であること。
- 陽性と知ってから６ヶ月以内であること。
- 日本語によるコミュニケーションが取れること。
- 原則的に１期（４回）にすべて参加できること。
- 事前に個別のオリエンテーションを受け、グラウンド・ルールを承諾すること。

2010年以降は上記に加え、すべてのネスト・プログラム参加者に共通となる「利用登録」が必須となり、利用 ID を得ていることが参加必須条件となった。

4 PGM の特徴

PGM には、安全な場を確保するためにいくつか特徴がある。一つは、「グラウンド・ルール」（図２参照）と呼ばれるルールである。参加者がより安全な「場」で情報や経験を共有することができるように、参加に際し、その場で守るべきルールを設けてある。参加者たちが、成文化されたグラウンド・ルールを毎回のプログラムの冒頭に全員で読み合わせをすることで、お互いが安全に参加できることを確認し合う。

そして、もう一つがダブル・ファシリテーター制度である。ファシリテーターとは、プログラム全体の進行やその場で起きる参加者による会話の整理、補助などの役割を持つ人である。PGM では、自らも HIV 陽性者で告知から２年以上経過していて一定のトレーニングを受けたピア・ファシリテーターと対人援助経験者などで一定のトレーニングを受けたスタッフ・ファシリテーターの基本的に２名が担当する。近年ではピア・ファシリテーター２名でプログラムを行う場合も時折ある。

PGM は、外部には非公開の「ぷれいす東京多目的室」という場所で行う。会場には人数分の椅子と分割可能ないくつかのテーブルがあり、基本的

2014年2月

新陽性者ピア・グループ・ミーティング（PGM）／グラウンドルール

PEERとは「同等の立場の人、仲間」の意味。また、Peer、Empowerment、Exchange、Renewalの頭文字で、同じ立場によるエンパワーメント（内に持っている力を発揮できるように働きかけること）、交流や情報交換、そして新たな出発といった意味もこめられています。PGMでは、参加者ひとりひとりが主役。おたがいが、聴いたり、話したり、感じたりしながら「わかちあう」ことで、はじめてグループが成り立ちます。あなたが他の参加者を必要としているように、他の参加者も、あなたを必要としています。おたがいに役に立ち合うというのが、ＰＧＭの大きな特徴なのです。みなさんが安心してＰＧＭに参加できるように、グラウンドルールを設けてあります。以下、承諾のうえでご参加ください。

1. 守秘義務をまもってください。

・ミーティングで見聞きした個人的な情報は、この場にとどめてください。外に漏らしてはいけません。

・各自の発言は、個人の責任において、話せる範囲で話しましょう。

・ミーティング外で、参加者を見かけたときは慎重に振る舞ってください。その人は、このミーティングに参加していることを他の人に知られたくないかもしれません。

2. 話しやすい環境になるように、おたがいに心がけましょう。

・だれかが話している時は、耳を傾けましょう。

・自分のペースで打ち解けていくようにしてみましょう。また、他の参加者のペースも尊重しましょう。

・話したくないことは、話さなくてかまいません。

・となりの人と個人的に話をするのではなく、話をするときは皆で共有しましょう。

3. 自分の個人的な経験から話せることを話しましょう。

・「誰でも○○である」とか「普通は○○だ」などと決めつけることを避けましょう。

・「私の経験では○○だった」「私の場合は○○でした」などのような表現をしてみましょう。

2014年2月

4. 批判的になったり、決めつけたりしないでください。

・皆さんの感じ方や考え方が、正しいとか間違っているということを判断する場ではありません。

・あなたと異なる価値観をもっている参加者がいることは、貴重なことです。

・このグループはひとつの考えや結論を導き出すためのものではありません。

5. 言葉による暴力は禁止です。

・もし怒りなどの感情を持つことがあったとしても、それを他の参加者に向けて攻撃してはいけません。

・自分自身でコントロールできない場合は、ファシリテーター(進行役)に話してください。または、ミーティング終了後にコーディネーターや相談員に個別に相談することもできます。

6. グループにはさまざまな人が参加していることを忘れないようにしましょう。

・HIV陽性者といっても、自分の性別、年代、セクシュアリティ、感染経路、国籍、経済状態、精神状態、身体状況、周囲へのオープン度合いなどさまざまです。見た目で判断しないでください。

・治療に対する姿勢や通院病院の体制なども個々に違いがあります。個人の選択を尊重しましょう。

7. 時間が限られていることを理解してください。

・スケジュールにしたがって、開始・終了しますので、時間厳守です。少しでも遅れそうな時や、欠席する場合には、必ずぷれいす東京のスタッフに直接ご連絡ください。

・時間の都合上、場合によってはファシリテーターが発言を中断するようなことがあるかもしれません。

8. 携帯電話やスマートフォンの利用を控えてください。

・ミーティング中は携帯電話の電源を切るか、マナーモードに設定して、音が出ないようにしてください。どうしても必要な時以外は、ミーティング中は、メールのチェックなどもお控えください。

図2　グラウンドルール

には部屋の中心に机を固めて配置し、その周りに全員がロの字形に座る。ファシリテーターは参加者の輪の中に入るが、参加者全員の様子を観察するために2名が対面になるように座るケースが多い。なお、ファシリテーターの希望により、机や椅子のレイアウトの変更が可能である。例えば、机を廃し、椅子だけで円座になるようなこともある。多目的室には開放的なベランダがあり、鉢植えの植物が参加者の心の癒しになることも多い。また、複数方向に窓があり、明るい自然光が入るよう工夫されている。

参加者の人数は5～7名と限定しており、安心してじっくり話せる少人数制である。PGMは、プログラムとしては全部で4回で終了となるが、2週間に一度、同じ曜日の同じ時間に2時間のセッションを行う。参加者は、同じ顔合わせで約2ヶ月間をともに過ごすことになる。

5 ファシリテーターの役割

前述の通り、ファシリテーターは現場に2名いるが、彼らの役割とは、例えば、以下になる。

「よく見る」「よく聴く」「共感する」「場を和ませる / 温める」「グラウンド・ルールを維持する」「会話を促す」「会話を整理する / わかりやすくする」「見守る / 待つ」「参考情報を提供する」「体験を話す」「進行する」
（「PGM運営マニュアル」より抜粋）

上記はあくまで、一例である。グループは生き物であり、人間同士のコミュニケーションの中では、思わぬ化学反応が起こることも珍しくない。その都度、ファシリテーターは、その場で臨機応変に、参加者の反応に対応することが求められる。

例えば、グループの中で、特定の人ばかりが話を独占する、沈黙が続く、泣き出す人がいる、などである。こうした場合、ファシリテーター自身の経験や技術で対処できるケースもあれば、必ずしも上手くいかない場合もある。

PGMでは、異なるバックグラウンドを持つ2人が共同でファシリテーションを行うことが大きな特徴であるが、ファシリテーターが2名体制である理由はいくつかある。

ピアサポートプログラムでは、ファシリテーターが、グループ内でどういった個々の感情のやり取りがあるのかを感じ取ることが重要だが、それを１名で行いながら、その場の状況判断をするのと、２名で対応について話し合えるのは大きな違いがある。

例えば、「A さんの発言が少なかったのは、無口なだけで居心地は良かったのか。それともグループ全体の会話に乗り損ねて、自分は話したいのに話せなかったのか」といったことを、１人で考えながら進行していくのは難しい作業である。しかし、２名が関わることによって、参加者一人ひとりに対して、よりきめ細かく目が届き、グループの中で中立的な立場を維持しやすいため、その場において、より適切な対応が可能になる。「適切」とは、参加者全員の居心地が良く、誰もが不快感を持たずにプログラムの時間を過ごせることを指す。

また、話題の選択、会話のスピードや展開の仕方など、ファシリテーターにも得手や不得手があって当然だが、それをお互いに助け合うことができる。ピアとスタッフの組み合わせの場合、ピア・ファシリテーターは、HIV 陽性者としての経験を豊富に持っていて、これまでの多様な状況や場面における感情に対する自分なりの対処方法や当事者としての知恵を持っている。しかし、「ピアサポート活動」という一定の枠組みの中での専門的な対人援助については、未経験であることも多い。一方で、スタッフ・ファシリテーターは、対人援助やグループ・ワークの経験を持つ場合が多いが、それまでに HIV 陽性者の当事者としての経験がなかったり、HIV 陽性者の生活実感を得ていなかったりする。２人のファシリテーターが、このような立場や経験が異なることによって、お互いに補完したり、教育し合うことができる意義は大きい。

その他、ピア・ファシリテーターとスタッフ・ファシリテーターの２人が、４回のプログラムの中で、タイムキーパーを含めた進行役や参加者の発言を促すために自ら自己開示をするコメンテーター役などを必要に応じて入れ替えたり、１回２時間の中で役割をスイッチするような場合もある。

6 ファシリテーターの循環

PGMを含むネスト・プログラムの大きな特徴の一つに、プログラム参加者がスタッフとなってプログラムに戻ってくるという循環型の構造がある。私たちコーディネーターもそうであるが、かつてプログラムに参加して支援を受けていた立場から、今度は、他のHIV陽性者を支える立場になる。その循環には、HIV陽性者にとっては、同じものを違う角度から見ることで、自分自身の視野が広がり、支えられる立場ではわからなかったことの気づきにもつながっていく。現在、PGMで活躍しているピア・ファシリテーターの多くが、かつてのプログラム参加経験者である。PGMの卒業生が再びPGMの場にスタッフとして戻るという循環が珍しくはなくなった。

その他、ファシリテーターの養成とトレーニングという意味では、プログラムの4回終了後には、その回のプログラムを担当しなかった他の待機ファシリテーターや相談員を交えて、ピアサポート活動や個人の課題に対する解決策や対応方法の検討を目的とした、いわゆるグループ・スーパー・ビジョンの場となる全体のふりかえりミーティングを行っている。これはその回で起こった事例や出来事を共有し、ファシリテーターたちが、問題を客観的に捉え直す機会となる。

また、このふりかえりの場では、担当ファシリテーターが成功体験を共有するだけではなく、自分がファシリテーターとして感じた不全感ややりにくさなどについても語ることができる。担当ファシリテーターが、自らの経験やそのときの感情を他のファシリテーターと共有できることは、トレーニングという意味で担当ファシリテーターだけでなく、今後、プログラムを担当する待機ファシリテーターにとっても重要な意味を持つ。

二
ピアサポートの現場から

以下では、当事者から見たHIVをめぐるリアリティとPGMプログラムでどのようなことが起きているか、インタビューをとおして考えます。

大島：PGM のファシリテーター[1]をするようになったきっかけは何ですか？
加藤：そもそもは、自分の HIV 陽性がわかったときに、ぷれいす東京でやっている PGM に参加したのがきっかけでした。
大島：初めて PGM に参加したときは、どんなことを感じましたか？

1　エンパワーって何？

加藤：自分も感染が分かっていろいろ大変なことがあったので、ほかの人も大変だなと思っていました。でも、いろんなほかの参加者のお話を聞いていると、自分が経験してない深刻な問題で悩んでいたり、ずっと大変な思いをしていたのです。例えば治療にもうまくつながれない人がいました。そうした違う境遇の人と交流を持つことができました。だから、PGM では、それぞれの参加者が抱えている問題をもち寄ることで、そこで具体的な解決を手伝ってもらうわけではないですが、自分で解決するヒントを自分で探したり、何かしら自分のアクションに良い影響を与えてくれた気がします。たぶんお互いにエンパワーしあっていたからだと思います。
大島：お互いにエンパワーしあうとはどんなことですか？
加藤：同じ立場の人同士で、時間を分かちあうのがまず一つ。それと、自分の思っていることを遠慮なく話せる間柄になれるのがもう一つです。だから、そこで具体的に自分の問題が解決しなかったとしても、その問題を素直に話せることで気持ちを落ち着けられるとかです。あとは、具体的な励ましの言葉ではないですが、その場を共有することで、自分に寄り添ってもらえている感覚といいますか、そういうのがちょっと得られたかなという気がします。
大島：寄り添うとは、どんな感覚なのでしょうか？
加藤：同情というと安っぽくなってしまいますが、気持ちを寄せてくれる感じといいますか。もちろん参加者たちが同じ立場で心配もしてくれるし、アドバイスできることはお互いにしあうとか、自分だったらこういうふうに解決すると思うとか、意見を言ってくれるとか、そういう感じです。

大島：共感という言葉ともちょっと違いますか？

加藤：共感というよりも、参加の大前提として「お互いを否定しあわない」ルールを大事にします。その場で話す内容を否定しない、されないのがすごく安心感につながり、話した自分が肯定される気分になることによってすごく助けられたと思います。

大島：何を話してもいいという安心感ってありますよね。わたしは、こういうときは一緒にお風呂に入っている感覚になることがあります。言うと笑われますけど（笑）

加藤：そうそう（笑）。そういう意味での安心感もありますよね。

2　ピアとスタッフのデュアル・ファシリテーション

大島：HIV 陽性者の当事者がプログラムをファシリテートすることには、どのような意味があると思いますか？

加藤：まず大前提としてあるのは、自分も含め陽性者でピア・ファシリテーターをしている人たちと話をしていると、「いろいろと自分がしてもらったから、ほかの人にその恩返しをしたい」という気持ちがどこかにあるということをよく聞きます。また、「陽性者になったら、陽性者にしかできないことを何かやりたい」という理由もあるような気がします。ほかにも、じかに人と接することでお互いに陽性者として生きているという実感が湧くこともあるかもしれません。

大島：HIV 陽性者の当事者以外のスタッフ・ファシリテーターも PGM では、とても活躍されてます。

加藤：はい。陽性者の当事者と、そうではないスタッフとが一緒にファシリテーターとして協働することも多いですが、むしろそれに意味があると考えます。陽性者ではなくとも真剣に参加者とのかかわりにコミットしてくれて、すごくサポーティブなスタッフ・ファシリテーターと接すると、参加者自身の肯定感が上がり、ここに居て良いんだと思える効果にも気づきました。

大島：PGM の特徴のひとつに、デュアル（2名の）・ファシリテーター制度があります。ピアとスタッフとが一緒にプログラムを進行する形でずっと続けてきたことには、どのような意味があるのでしょうか？

加藤：スタッフ・ファシリテーターならではのサポートの仕方があります。たとえば専門的で難しい情報を、わかりやすい言葉で参加者に伝えてくれる利点があります。ほかにも、たとえば対人の援助経験があるスタッフ・ファシリテーターは、人のサポートが得意だったりするので、一人一人の様子を見ながら、全体の場を仕切るのが基本的に得意な人が多いと思います。

一方、ピア・ファシリテーターは、共感や自分の経験を話すコメンテーター的な役割も求められると思います。「ちょっと先をいく先輩」という形で PGM に入るので、「自分も過去に同じ感染がわかってすぐの時期を過ごしてきたけど、今はこうですよ」といった話をすると、参加者にとって、ちょっと将来の道筋が立てやすくなるというか、見えてくるところがあると思います。

大島：たとえばどのようなことがありますか？

加藤：もちろん、参加者は一人ひとり別々の人間だし、それぞれの背景も全然違うので、まったく同じ経験をするとは限らないです。でも、気持ちの部分でいうと、どのぐらい経つと、どういうふうに落ち着いていくとか、共通点も多いです。そこにたどり着くまでのプロセスとか具体的なことは、感染が分かったばかりの人にはすごく気になるところだと思います。体調が悪いと全部 HIV とつなげて考えるような時期が最初はあると思うので、それがいつどういうふうに解消されるのかといったことです。

大島：それってありますよね。特に理由もないけれど急に不安になるとかです。HIV 陽性になるのは、初めての経験だから、自分がどうなるかわからないので、とにかく不安になることもありますよね。

3　ゆるさから言葉が生まれる

大島：PGM に出ると、プログラムの初めのころはほとんど話さなかった人が、何かのきっかけで話すようになった例が時折あると思います。何か印象に残っている出来事はありますか？

加藤：一番最初に参加する時には、参加者は、緊張とか警戒とか、いろいろあると思います。分かりやすいのは、特に対面で参加している時に、初回からずっとマスク姿で素顔が分からない人が、3、4回目になったらマスクを外して顔を出したことがありました。見るからに表情が変わる人もいるし、服装を含めて雰囲気が変わる人もいます。

大島：服装や雰囲気が変わるとはどういうことですか？

加藤：初回と最後の4回目を比べたら、別人かと思うことはたまに起きます。4回の間に慣れるのもあると思いますが、いろいろ話せて、やっぱり気持ちが楽になっていくのでしょうね。HIVを取り巻く環境については、例えば通院や服薬など、時間が経過するに従って解決していく問題が幾つもあります。PGMに参加している最中に次々と問題が片づいて、心の整理ができ、落ち着けるのかもしれません。PGMでは、同じ立場の人同士で集まって、場を共有して、話したいことを話せて、聞きたいこと聞ける時間が、その人が落ち着くまでの変化をさらに早め、その人の雰囲気が変わることにつながっていると思います。

だから、安心できると、今まで口が重かった人が自分のことを話し始めたり、誰にも言えていなかった気持ちや恋愛、セックスに絡んだ自分の病気との向かい方まで話せたりといったように、ちょっとずつ変わっていきます。でも、それはHIV陽性が判明する前の本来の元の自分に戻っていくようなことだと思います。最初はちょっと病気のことがあって、重く蓋をされているような感じだけど、その蓋を開けてみれば、中身は前とおんなじ人だったってことかもしれません。

大島：たとえばどのような例がありますか？個人が特定されない形で教えてください。

加藤：よくあるのは、わたしたちが「肩肘くん」と呼んでいる場合があります。どういうことかというと、PGMの最初の頃は、表情が固く、もしくは柔らかく、ずっとニコニコしているけれども、ほとんど自分からは話さず表面的な話に終始し、まさしく肩肘が張って「閉じている」ように感じる方です。そういう方が、回を進めるうちに少しずつ自分のことも話せるような

「心が開き、言葉が生まれる」ときがあります。ずっと「自分は大丈夫です」と言っていた人が、「実は不安だった」と自分で気づくと、あとはそれについての気持ちの言葉がつぎつぎと出てくることがあります。

大島：それはどのような過程を経て、そうなるのでしょうか？ファシリテーターとして気をつけていることがありますか？

加藤：そうですね。ずっと黙っていて壁を作っているようなその人のことを気にしつつ、参加している人たちを含めた関係性の輪に自発的に入ってもらうようにします。つまり、まずはその人が話せる範囲で話してもらうのです。たとえば、ピア・ファシリテーターが、「自分のときはこうだった。PGM に参加し、いろいろな人と交流するようになって、時間が経つにつれ少しずつ自分の心の状態が変わってきて、今は楽に生きている」といった経験を話したとします。そこから、その人に「じゃあご自身はいかがですか」と問いかけ、自分の話をしてもらいます。内容は、仕事でも恋愛でもなんでも構いません。まずはピア・ファシリテーターの経験を聞いてもらうことから始まります。「ちょっと先を行く先輩」のように、ピア・ファシリテーターが自己を開示することで、参加者も自分の話ができる。でも強制はしない、そんなことに気をつけています。

大島：肩肘の力が抜けるということですか？

加藤：そうです。とくに、その場に同じような経験をした人がいるのが重要です。同じ話さないという状態でも、言いたくても言えないのか、言いたくないから言わないのかという違いも重要になります。言いたくない場合は、何がその人に言いたくなくさせているのか。それについて、スタッフ・ファシリテーターの力を借りて検討したりします。その場で沈黙が広がると、ファシリテーターはつい焦って、何か表面的な言葉で参加者の発言を促そうとしがちになります。でも、単に話が煮詰まったり、気持ちをふりかえるためには沈黙が必要な場合もあります。わたしの場合、これまでに沈黙が続いたとしても、参加者がその時、何も言葉にできなかったけれど、何年かして、あの時こういうふうに助けられていたと思うような経験もありました。沈黙の意味を深掘りするのです。

大島：待つことが、何がしかの効果を生み出すのですね。逆にいえば、ファシリテーションでは進行云々だけでなく、うまく待つことも重要なのですね。

加藤：話下手の人だってもちろん多いです。背景も生き方もその人次第なので、自分から話すことを無理強いするのではなく、その場で、ゆるいつながりができて、自然に言葉が生まれれば良いと思います。ファシリテーターとして、最初はやはり怖いけれど、沈黙は大事だから時に沈黙を恐れないということです。

4　つながったと感じる瞬間

大島：今おっしゃった、沈黙の意味を深掘りしたどのような例がありますか？

加藤：たとえば「肩肘くん」の場合は、どういう時に逆に「大丈夫」と思っているのかを考えます。自分は大丈夫という鎧を着ることで、心の奥底の葛藤をそのままにしておく可能性が考えられます。その想像をするからこそ、ファシリテーターが、あえて「何を話しても叩かれたりすることはない」とその場で進んで言うようにしています。そうすると、肩肘くんが、「実は怖かったんです」とか「とにかく不安だったんです」という言葉を最終回にぽろっと言ったりして、気持ちを言葉で言えた瞬間が来ることがあります。「HIV を持っていても長生きできるし、仕事ができる」といった一般的・表面的な言葉で終始話していた方が、自分の気持ちの言葉を話し始めた時に鎧を脱ぐことができたと思うことがあります。

大島：そうした瞬間を感じたとき、ファシリテーターはどう思いますか？

加藤：聞いたときは嬉しいですが、それを参加者たちに対してあからさまには言えないので、自然に「聞けて嬉しいです」と伝えるようにしています。たとえば一人のファシリテーターが感極まって感情をコントロールするのが難しそうになったときは、もう一人のファシリテーターの方がその次の進行につなげてくれます。逆に、ピアであれ、スタッフであれ、ファシリテーター自身の感情を吐露することで、参加者も自分の感情を出してみよう、参加者が他の参加者に寄り添ってみようという場合もあります。

大島：参加者が「誰かとつながった」と感じるときはどのようなときでしょうか？

加藤：端的に言えば、孤立した人がそうではなくなった瞬間です。たとえば、参加者がファシリテーターだけに向かって話すのではなく、参加者同士で話すようになったときです。その後、参加者たちが PGM の中だけでなく、終わったあと飲み会などに行ったとかの話を聞くと、人間関係が生まれて、つながったと思います。それが PGM が同じ顔合わせで 2 ヶ月の間、計 4 回行う重要な意味の一つだと思います。

5 PGM 後に続く生活や人生──社会に拓く、自分を拓く

大島：新たなスタートを切るという意味では、PGM に参加するのは自分を社会に拓く経験でもあるのかもしれませんね。そうすると、参加者が、HIV に関わる問題を自分個人だけの問題ではなく、社会の問題として気づくようになるのではないでしょうか？

加藤：そうですね。たとえば自分の病気のことがなかなか話せないのは、それを取り巻く社会に原因があると気づくときなどがあります。本当はある人に HIV のことも伝えたいが、その人に話すと自分が不利益を受けるかもしれないという時に、そこには伝えられた側がもつ HIV についての情報が古すぎるための偏見があります。実際には、今は HIV の治療が進展し、治療薬を継続して飲むことで血中ウィルスが検出できない程度に抑えられるし、他の人にうつすことはなくなりました。その情報を社会に広く伝えるために最新の情報をフライヤーとして作成し、役所に配るようになった人もいます。あるいは、PGM に参加したあとに、ぷれいす東京のボランティアとして一緒に活動してくれる方もたくさんいます。

大島：PGM に参加された方が、後でピア・ファシリテーターとして活動するのは、役割が固定されたカウンセリングのような閉じた場とは違いますね。自分や他者をケアすることでケアされる、ケアされることでケアの輪を広げていく循環、ケアの循環が自分を通して他者に拓かれていくのだと思います。それが社会に拓く、自分を拓くということなのかもしれません。

PGM が終わった後はどうなる可能性があるのでしょうか？

加藤：お話ししたように元々の自分に戻れるとはいえ、やっぱり HIV は、社会的には差別や偏見の問題などがあり、抱えて生きるのは面倒くさい病気なのも確かです。ふだんは大丈夫だけど、例えば恋愛の話になれば、その都度、考えなきゃいけないなとか暗い影を落とすこともあるかもしれません。そうしたちょっと悩んだ時、またネスト・プログラムに戻ってくるような人もいる。「ちょっと今、恋愛ですごく悩んでいるんですけど、話して良いですか」という理由で参加者が戻ってきたりするし、ネスト・プログラムは、そういう使い方で良いと思います。自分が、その場所に来たい、必要だと思った時に、つながってくれる場所です。常にずっとべったり一緒にいなくても良いけど、必要な時につかまえてくれるようなものであれば良いと思います。

1　たとえば井上義和は、ファシリテーションとは「人びとが集まって、やり取りしながら共同で何かを行うときに、コミュニケーションの場を保持し、そのプロセスに働きかける取り組み・仕組み・仕掛け」と定義する（井上義和「はじめに」井上義和・牧野智和編『ファシリテーションとは何か——コミュニケーション幻想を越えて』ナカニシヤ出版 2021: vi）

第2部
「言語化する場つくり」をめぐって

実践者たちによる言語化とその可能性

兵藤智佳

一 はじめに

1 「私の実践」を記述する

第１部の７つの実践報告は、「他者とつながり、個人が社会に拓いていくためには、感じたこと、考えたことを自分の言葉で語らなくてはならない」という本書の信念に則り、異なる分野にいる実践者たちが「そこで起きていること」を自分の言葉で記述しようとしたものである。各実践の根底には、そこにいる人が「心揺すられるなんらかの体験をしている」、「体験はうまく言葉になっていない」、「言葉にならないものを言葉にしようとしている」という共通項がある。執筆にあたり、各著者たちは、現場の「専門職」として長年、実践を行いつつも、その分野を代表する立場からではなく、それぞれの場所で、個人として取り組んでいる自らの実践を描いてもらった。

そもそも、本書を出版しようとした動機として、「誰かが体験を語り、言葉を引き出すという意味では、臨床や教育でやっていること、やろうとしていることは似ているし、方法論としても連なり重なっている気がする」という編者の「現場感覚」というべきものがあった。本書では、各々の著者が「私の実践」を書くことで、そこに通底する普遍性の高い価値や技術について考察し、異なる分野にいる著者たちも、そして、読者も自分の実践を相対化する視点を提案することを目的とした。

それゆえに、１部で執筆した文章は、現場の理論を支える学術の概念や方法論を基礎とした研究論文の形式ではなく、著者たちが、できるだけ具体的に「私にとっては、何をしようとする、どういう実践であり、私と相手との間に起きたこと」を記述し、そこに存在する可能性を著者の視点から考察したものになっている。相談員や助産師、作業療法士など、活動のために求められる資格、つまりは分野における既存の科学や技法といった専門知を有した専門職として活動し、執筆してきた著者にとっては、これまで書いたことのない書き方であり、それぞれの著者たちが、この文章を書くこと自体が、本書における私たちの挑戦であった。

2 協働作業として言語化する

そこで、本書2部である本稿においては、7つの報告文とこれらを執筆する協働作業を通じて、そこから導くことができる課題と可能性についての考察を試みる。そのために、最初に1部の報告文について各著者が執筆したプロセスを紹介し、そこであきらかとなった事柄について述べておきたい。

まず、それぞれの著者の実践報告文の執筆に向けては、本書の編集を担当した私だけでなく、異なる分野や専門性を持つ著者たちがお互いに各々の実践を表現する言葉を「問う」という作業を繰り返し行った。それは、対面やオンライン上の対話でもあり、実践の現場であるフィールドを実際に訪れながら、ともに行う言語化の実践であった。多様な場で異なる背景を持つ当事者にかかわっている著者たちが、具体的な実践について、お互いに「問う」、「応答する」という作業を通じて、自分の実践をふりかえり、一人ひとりが自分のやっていることについて分野や領域を超えて、他者に伝えるための言葉とその意味を探していった。

対人関係の専門職は、「専門」であるが故に、その技術が身体化され、一般的には、日々、自分が無意識でやっていることや自分にとっての当たり前を言葉にすることが難しい。自分のやっていることのどこに独自性があり、実践において何が当たり前なのかへの意識も薄くなる。だからこそ、多くの実践者は、自分が「なぜ、それをやるのか」、「どうやるのか」について、誰かに問われないとあえて言葉にしない。専門職の人々は、それぞれの分野の仲間や同僚という環境の中では、専門用語を使うことで、日々の現場でのコミュニケーションが成り立っているからだ。また、専門職であるが故に、多くの事例は、専門分野で使われる言語と方法論に則った形式で表現されることが多くなる。

3 実践の言葉を問い直す

そこで、本書をつくるにあたって、著者たちが、まずは独自で実践を伝える文章を執筆しつつ、お互いに「さらに言葉を問う」という作業を行った。問い直した言葉の多くは、教科書やテキスト等で使われる専門用語である。例えば、著者の一人が「傾聴」という用語で表現した行為について、私は、「あなたにとって傾けるとは、どういうことなのですか」、「あなたは、何をどのように傾けるのですか」、「あなたにとって聴くとは、何をどのように聴いているのですか」と問いかけた。こうした言語化によって、日頃、使っている専門用語だけでは表現しきれない、実践者として個人の有する細かい技術や信念が浮かび上がってきた。

また、専門用語だけではなく、例えば、行動として名づけると「散歩」といった一般的な言葉でしか表現されていない行為がある。作業療法士にとっての「そういうときは、一緒に散歩をします」という表現について、私が「あなたは、どうしてその場面で患者と歩こうと思ったのですか」、「あなたは、患者と一緒に歩きながら、何を見ていたのですか」と問うことで、作業療法士としての彼女と患者にとっての散歩が持つ意味と「専門性」が立ち上がってきた。

本書を執筆するプロセスとしては、編者が執筆者に一対一で問いかけたり、執筆者同士２名でお互いに問いかけあったり、複数の著者たちが集まって問いかけあったりと形は多様であった。著者たちによる協働としてのこうした実践の「問いかけあい」は、各著者が、他の現場を知らないからこそ、現場の当たり前を共有しないからこそ、お互いに問える可能性であった。実践の現場や専門性が異なると、わからないことをわからないと伝えやすく、応える側も聞き手が、現場で起きていることがわからないことを前提に伝わる言葉を探すことになった。また、執筆者はすべて実践者であり、一人が、他の執筆者に問いかける場合、相手の現場で起きている事柄が具体的にはわからなくても、自分の実践を基盤として、「自分はこうしているのだけど、この場面であなたは、どうしてそうするのか」という問い方も可能となった。こうして、著者たちが、お互いの問いかけに応えて言葉を探すことによって、今まで言葉では表現しきれていなかった行為の存在に気づき、既存の専門用語では見えなくなっていた具体的な実践の意味や独自性を持った方法論に気づく機会にもなった。

4 具体的な事例を選択する

また、実践報告では、できるだけ具体的に自らの方法論を伝えるために、著者たちは、実際の実例を基礎とした架空事例を含めて、個別事例の詳細な記述を目指した。各々の著者の原稿の中で取り上げた具体的な事例については、すべてが、あらかじめなんらかの既存研究の方法論に則り、事前に計画的に選択したものではない。「私の実践」を記述するために、実践者として過去の事例を思い出したものであり、多くの事例の中から、自分にとってなにかしら衝撃があり、印象に残っている事例である。

取りあげた事例が、一般化や理論化を目指すものではないが故に、著者の中には、「全部の事例がそういう結果になるわけでないし、読者にそう読まれるのは怖い」という不安を抱えながらの事例の選択もあった。そうした懸念やリスクを承知しつつ、それぞれの著者が、その事例を選んでいることには理由があるという前提に立ち、どの事例をどのように取り上げて描くのかについても、著者の一人が、執筆する著者に問うという作業を重ねていった。

一人ひとりが自分の取り上げる事例を選択する理由を言語化していく試みである。各々が取り上げた事例は、執筆では、仮名を使っているが、著者たちが実際に記録をとっていた例や記憶を頼りに思い出した例もある。事例の細部を思い出すための問いを含めて、著者たちが、問いかけあいの中で誰かに「どうして、あなたにとってその事例が大事なのか」を問われ、説明することが、「自分は、なぜ、それをやるのか」「どうして、それが大事なのか」を言葉にする契機になっていった。

以上が、各著者たちによる協働のプロセスになるが、本稿では、以上の説明をした上で、著者たちによる実践の価値に関する考察を行うことを目的とする。そこで、まずは、実践者たちには、かかわる当事者がどう見えているのかについて述べる。その後、実践者たちが、そうした当事者にかかわり、何のために何をしようとしているか、実践において築こうとしている相手との関係性はいかなるものかについて考察を行う。その上で、最後に異なる分野を超えて存在する実践の「専門性」と価値について論じてみたい。

二
実践者たちから見える当事者

1 閉じた当事者たち

本書で取り上げた実践におけるキーワードは、「つながり、拓くための言葉」であるが、各執筆者による記述の中に登場する著者がかかわる当事者たちは、「私の体験」をうまく語れなかった人々である。語れない理由の背景にあるものとして、心身の障害や外国人といった日本語の言語能力の問題や暴力によって自分の言葉を奪われた被害者などがある。また、大学生のように言語能力は高いが、自分の気持ちを語る言葉がない、HIV 感染など社会的なスティグマによって自分の気持ちや思いを言葉にすることができなくなっているプロセスも描かれた。登場したのは、個人の意志とは関係のないところで、社会的に弱い立場に立たされる、いわゆるマイノリティと呼ばれる人たちが多い。

自分の気持ちや思いを語れない状態にある人は、自分を他者に拓けないために他者とつながれていないという意味で閉じた人々であり、言葉にならないもどかしさを抱える人たちでもある。そして、著者たちの描く当事者たちの語れなさやわからなさは、ときに心身の症状や苦しさとして現れているし、もやもやと表現されるような違和感や形容しがたさを伴っている。こうした当事者たちの抱える語れなさ、わからなさの中身は、「自分が何を感じているか」、「自分がどうしたいのか」、「自分に起きていることの意味は何か」といったことが漠然とわからないというものである。実践者たちの多くは、当事者自身が、何がわからないのかがわからないこともあり、そうした自分を拓き、他者に伝えることの難しさを指摘する。

また、閉じた当事者にとっては、言葉にして体験を語ることには、不安や恐怖がつきまとうことも読み取れる。これまで誰にも語ったことがない場合も多く、その体験を語ることで現実に起きる事柄が想像できない不安もある。彼らが閉じているのは、その体験について本人が秘めたり、抱えたりしているために、意識的にも無意識にも我慢と緊張を重ねている状態でもある。当事者たちは、たとえ起きたことを言葉にして、自分の気持ちを表現したいと思っても、否定、拒絶、差別、排除などが実際に存在する現実の中では、語ることはできない。

2 嘘をつく当事者たち

こうした閉じた状態の当事者たちのありかたとして、著者たちから、「嘘をつく」という言葉が頻繁に語られ、記述されていることは興味深い。「当事者たちは、自分が感じていることや思っていることがわからないときや言葉にならないときには嘘を言う」という指摘である。また、当事者がたとえ、自分自身で起きたこと、感じていることがわかっていたとしても、実践者である自分との信頼関係のありようによっては、嘘をつくという指摘もあった。

ここで実践者たちによって「嘘」と表現される事柄には、多様な内容があり、例えば、当事者が、自分の心身の状態について、大丈夫ではないのに大丈夫と言う、何かの実践や行動について、本当はやりたくないのにやりたいと言うなど、本人が言っている自分の状態が客観的にはそうでないと判断できるという嘘がある。

また、その体験についての自分の気持ちや思い、考えを問われたときに、当事者たちが「適当なことを言う」、「とりあえずその場で期待されているだろうと思うことを言う」、「自分が正しいと思うことを言う」、というありかたも実践者たちは「嘘」と表現する。「あなたは本当に思っていないことを言っている」という感覚が嘘として認識されているのである。

そして、実践者たちは、当事者は、その場の誰かに対してだけでなく、自分自身に対しても嘘をつくと語る。それは、当事者たち個々人が、「自分は、そういうふうに感じていることにしておく」という自分の気持ちに対する嘘であり、無意識で行われることも多いと指摘する。例えば、配偶者から暴力を受けた人が、「愛されているから」と言うのは、逃げられない現実を生きるために思い込む自分への嘘として認識されている。一方で、「今日もまた嘘をたくさんついてしまった」など、留学生たちが自分でも嘘をついている感覚についても記述されており、問いかけられた当事者が言葉を発しながら「自分が言ったことは本当ではないし、何か違う」という意識がある事例もある。

このように実践者から認識されている当事者の嘘とは、何かの意図をもって意識的につく嘘から、無意識で自分が思い込むための嘘など、そのあり方の幅は広い。そして、当事者にとっては、その言葉が嘘か嘘でないかの境界もあいまいであり、実践者たちは、「全部は嘘じゃない。部分的には本当のことも言ったと思う」という場合や「そのときはその気持ちが本当だと思ったはずだ」という時間による変化などもある。

3 「嘘」の背景にあるもの

そもそも、こうした閉じた状態にある当事者たちは、なぜ嘘をつき、実践者たちは、「当事者は嘘つく」と感じるのだろうか。実践者たちが語り、記述した事例から、その背景について考察してみたい。

まずは、多くの事例において、実践者たちが指摘するのは、多くの当事者たちには誰かに問われた経験があまりないという背景である。これまで、誰かに自分の体験について、そのときの気持ちや思いを聞かれたことがなく、あったとしても深く問われたことがない。だからこそ、経験のない中で、どう応答してよいのかわからない。しかし、自分に問いかける相手に対して黙るのに抵抗感があるから、とりあえず何かを言う。その場で思ってもいないことを言うという意味での嘘である。

障害を持つ人たちなどが、本人がどうしたいかを聞かれずに、周りの大人が、「あなたは、きっとこうしたいに違いない」と想像し、決めつけられている事例もあった。また、大学生たちも、これまでに自分の気持ちを誰かに聞かれたことがないから、気持ちを表現する言葉を使えない。しかし、その場では何かを言わないといけないと思って、知っている言葉をとりあえず言うという意味での嘘もある。

次に、誰かによって、自分の言葉を否定されてきた背景である。DV 被害者の事例では、暴力が「私という主語」を奪うプロセスが描かれたが、被害者たちは、「それはダメだ」と否定されないように語れなくなり、自分の気持ちに嘘をつくようになる。暴力が怖くて「こう思ってはいけない」、「こう思わないといけない」という自分への縛りが強くなっていくと、相手と自分との境界が曖昧になるし、何が自分の本当なのかがわからなくなる。直接に暴力を受けるのは極端な形であるが、当事者たちが嘘をつく背景には、「本当に自分が感じたり、思っていることを言ったら怒られる」といった不安と恐怖の存在がある。過去に自分の体験を話したときに誰かに否定され、攻撃されたことがあれば、傷つかないように自分を守る手段として相手に対しては警戒感が強くなるし、誰かに否定されない言葉を探し、嘘をつく。

また、自分を否定される経験は、攻撃だけでなく、自分の本当の気持ちや思いを伝える言葉が相手を悲しませたり、がっかりした態度につながった経験もある。「あなたにはこうあってほしい」という相手からの期待を感じる場合は、「それを裏切ったら、好意を得られない」という不安も嘘の言葉や行動の背景である。

一方で、「これを言えばよい」と利益を学んできた背景もある。多くの当事者たちには、発した言葉が自分にとっては本当の気持ちや思いではなくても、誰かが期待されることを言えば褒められ、認められ、仲間になれるといった過去や相手がうれしそうである態度に達成感を感じた経験もある。親、パートナー、学校の先生、友人、支援者など、それまでにかかわってきた人たちからの期待に応え、嘘で得てきた他者からの評価が当事者たちの背景にある。

「いい子」という表現が象徴するように、実践者たちは、かかわる当事者の言葉や行動の中に、他者の期待に応える、社会規範に沿う、正義に則るといった意図を感じるときに、彼らの本当を疑っている。そして、その場で当事者たちが、支援者や教員としての自分を喜ばせようとするような言葉を言ったり、行動したりすることを「嘘っぽい」と表現する。

三
実践者たちが実践していること

1 「嘘」と「本当」の境界を見極める

それでは、このように閉じた状態の当事者たちに対して、実践者としての著者たちは、具体的に何をしているのだろうか。対人関係の専門職が、一般的に「聴く」、「共感する」、「寄り添う」といった言葉で表現されている行為について、つながり、拓く言葉という視点から「嘘と本当」をキーワードとして実践の信念と方法論を考察してみたい。

まずは、実践者たちは、治療や教育など、その目的に違いがあっても、共通して、その場にいる人たちが、「あなたが体験したこと、そして、あなたが本当に感じ、思っていることを表現すること」に価値を置いている。だからこそ、その場で語られたり、態度にあらわれる嘘に対して敏感さを持ち合わせており、語られる言葉の中で、自分が嘘と感じる事柄に対して意識を向けている。しかし、自分が嘘を感じたとしても、語った本人を含めて、それを嘘だとして伝えることはない。そもそも、実践者にとっては、その場で語られる言葉が嘘か本当かをあきらかにするのが重要ではないからだ。

実践者としては、「それが嘘だとしても、あなたが、そう感じていることや思っていること、そして、今、やっていることには理由がある」という立場にいるし、その嘘であなたがあなたの現実を生き抜いてきたこと、そして、その現実を生きようとすることに意味も見出している。そういう意味では、実践者たちが、「聴く」という実践は、嘘を含めて、体験を語る当事者の言葉から、「なぜ、あなたはそう言うのか」に近づこうとする試みであるとも言える。実践者たちは、誰かの体験を聴いているときには、当事者の嘘と本当の境界を見極めながら、あなたがその言葉を言う理由を探しつづけているし、当事者の背後にあるこれまでの経験や、今、嘘をつかせている場の力学について思考を巡らせている。

そして、「共感」とは、当事者が語る言葉を繰り返し、無条件で「そうですね。わかります」と応答することではない。実践者たちは、当事者の言葉に嘘を見ているとき、その嘘を「それでよい」と肯定することはない。嘘で生き抜いてきたことを含めて、あなたが、自分の体験をこの場で私に対してその言葉で語ろうとしている努力に対して、「あなたは、そう感じたのですね。そう思ったのですね」と肯定する行為である。

また、実践者たちは、当事者たちが相手の反応を見ながら嘘をつくことに敏感であり、だからこそ自分の反応の仕方に対しては意識的になる。誰かが「自分を喜ばせようとしている」という嘘を感じたときには、聴き手として、「正しさ」に対してうれしさを表現しない。また、社会的にはタブーな出来事やセンセーショナルな言葉や行為について過剰に反応もしない。実践者が語る、「当事者たちは自分を試してくるけど、そこには簡単に乗らない」という表現に代表されるように相手の言葉をただ、そのまま受け止める。

実践者として、当事者とのこうした「嘘」と「本当」を巡るありかたは、その場におけるせめぎ合いとして、相手に対しては「身体を張る」という表現もされた。全身で、「私はあなたの体験を聴いている」という思いを伝えるために、頷く、顔を顰める、相槌を打つ、笑うといった反応をする。それは、言葉をやり取りしているだけでなく、反応する身体を含めて「私は、あなたの嘘を見ています」、「あなたの本当を聴きたい」というメッセージを相手に伝える行為である。そこにあるのは、実践者たちが専門家として向き合う相手の本当に迫ろうとする本気さや覚悟であり、分野を超えて存在する実践への心構えでもある。

しかし、かかわる当事者たちは、もちろん、黙ることもあるし、嘘に留まろうとすることもある。本当のことを言葉にする準備が整っていないことも、何が本当なのか自分でわからないことも多い。そうした場合、言葉は嘘をつくと言う実践者たちにとっては、言葉をあきらめるという判断もある。執筆者たちの現場や専門分野によっては、本当に迫るために、身体を直接ケアし、身体を一緒に動かすことで、当事者がいわゆる言葉ではない世界で自分の本当を表現する方法も多様に存在する。「身体のほうが言葉よりも正直」と言うのは、当事者の身体に直接触れる実践や何かを一緒に創造する作業、ボディワーク等を行っている実践者たちである。

2 聴きながら問う

このように実践者たちは、「聴く」という実践を行いつつ、当事者たちの本当の気持ちや思いを表現する言葉を引き出し、その場で言葉を生むためには、同時に「問う」という行為を行っている。その場で聴きながら、自分が投げかける問いの言葉を考え続けているのである。

そして、何を問えばよいのかを考えるために、相手の言葉を聴き、相手を見る。特に、相手が言葉になっていないものや言葉にしていないものを見ようとする。相手が「何を言っているか」よりも「どのように言っているか」が大事であると言う。もちろん、医療行為として体温や呼吸などを科学的な数値として把握する専門性の必然もあるが、そのための数値だけではなく、その言葉を語る人の表情、しぐさ、視線の動かし方、目つき、息遣い、まなざし、といった身体を見るし、そこに意識を向けている。閉じた状態の当事者が拓いていくかどうかは、こうした身体に変化に現れるからだ。緊張した当事者の状態を表現する「肩肘君」という名づけのように実践者たちは、嘘っぽさも身体から感じ取る。

問いの言葉については、「あなたは、どういう気持ちだったのか」、「どうして、あなたはそう感じたと思うか」といった直接の問いかけがある。「なぜか」を問うことで、当事者が考え、思考が深まる契機となるからだ。一人では、自分に対して「なぜか」を問うのは難しいが、誰から問われることで、今一度、自分の当たり前を疑うことができる可能性がある。そして、なぜかを問いかけるのは、相手にとっては、「誰かが私の話を聴いている」という思いをもたらすという意味もあり、あなたの体験への私の興味を伝える手段でもある。

一方で、こうして「なぜか」とは直接には問わないで、問いをつくる場合もある。自分の本当の気持ちがわからない当事者に直接に感じることや思っていることを聞いても、適当に嘘を言う可能性が高いからである。言葉で体験を語れない当事者たちは、自分でもなぜかがわからない、理由がわからない、言葉がないから苦しいという前提もある。

だからこそ、具体的に「あなたに何が起きたか」を共有できたら、「あなたは怒りを感じていたのですか？」と言った相手に言葉を差し出す形での問いも投げかける。実践者たちは、こうして多様に問うために、相手とかかわり、言葉にならない言葉を聴く。そして、「あなたは、こう感じ、思ったに違いない」という自分の決めつけをできるだけ排除しながら、あなたの気持ちや思いを伝える言葉という地点を目指して、常に問いを開き、当事者とのやり取りを重ねている。

また、問うという実践の中では、問わないことで問う可能性もある。実践者たちにとっては、沈黙は現場によって多様な意味があるが、「待つ」ことの重要性は共通した価値である。自分自身が相手に問うことに焦らない、相手の言葉や思考を奪わないためにも、沈黙の中で待つ重要性は共有されている。どのような人にどれくらい待つのか、どのように待つのかについては、現場によって、また、相手によって異なるのは前提であるが、実践者として沈黙を怖がらないのは著者たちが言う心構えである。「待つ」理由としては、「相手には相手のタイミングがある」という言い方をするが、この場合のタイミングとは、誰かに問われたときに応えるかどうか、どう応えるかは当事者が決めるという信念でもある。

3 「本当」を意味づける

こうして問いを重ねながら、実践者たちは、相手が本当の気持ちや思いを表現しようとする瞬間をとらえようとする。実践者たちが嘘っぽさに敏感であることの裏側には、正直さを感じとるための研ぎ澄まされた感覚がある。執筆者たちが今回、取り上げた事例はすべて、その瞬間が訪れた事例である。実践報告文の中では、分野を超えて事例の中で個人が拓かれていくプロセスが描かれ、実践者たちが、その瞬間を感じ取る場面や当事者の姿も描かれた。その感覚は、個人の変容を感じとるものであり、HIV のピアサポートでは、「鎧を脱ぐ」といった表現があった。また、DV 被害者の相談員が「表情や声と語りの内容が一致してきた」というように、本当の表現については、言葉と同時に身体の変化を捉えている。

そして、実践者たちは、「あなたが本当のことを正直に伝えようとしている」という兆しや予感を感じとったときには、その努力を肯定し、当事者たちが持つ力を言葉にする。社会的なタブーを乗り越えて、本当に起きたことを話せたと感じる当事者に対して作業療法士は「その話は初めてしてくれたね」と声かけをする。恐怖や不安を乗り越えるという意味で当事者の持っている力を本人に伝えるためである。「本当のことを言ったり、表現しようとする人を、その場で受け止める」のも、実践者たちに共通する実践である。そして、「あなたが、自分で言えてよかった」という思いを伝えることで、その価値を共有する。共有するのは、かかわる相手個人だけでなく、その場にいる人々でもある。

HIV のピアサポート活動においては、HIV 陽性者のファシリテーターと陽性ではないファシリテーターの２人が実践者としてその場に存在している。ファシリテーターとして「HIV 陽性の当事者」がいるのは、ファシリテーターが、自分の体験と本当に感じたことや思ったことを語るためでもある。そして、HIV 陽性のファシリテーターがその場で参加者に受け止められる場をつくることで、この場で何に価値があるかを実践として参加者に伝える。

そして、参加者たちが本当の気持ちや思いを語る人の言葉を聴き、その語りがそのまま受け止められることで、そこにいる人たちの本当の言葉が引き出される。そのために、２人の実践者たちは、「どのタイミングで、誰に何を語ってもらうのがよいか」をその場で考え続けているし、ペアとなるファシリテーターとの確認作業を続けている。

四
実践者が築く関係性

1「対等」な関係性

以上のように、実践者たちが語る実践について「嘘」と「本当」の視点から考察をしてみたが、彼らが共通してやっていること、やろうとしていることは、「相手の話を否定しない」といったようなコミュニケーションにおける技術の知識を基礎とした実践とはやや異なる次元にある。自分が実践者として相手との間に起こる事柄について、「どういう相手に対して、自分は何にどういう意識を向けているか」、「それはどうしてか、何を目指しているのか」といった問いを自身に向けて探ったものである。いわゆるマニュアルで体系化された既存の知識や方法ではこぼれ落ちているだろう感覚に頼る部分を言語化しようとしたものでもある。

そこで、本章では、次の段階として、今回の「問いかけあい」の作業の中で、実践者たちが、つながり、拓くための言葉が生まれるきっかけをつくるために、かかわる相手との間に築く関係性に注目してみたい。実践者たちは相手とどういった関係を築こうとしているのか。これまでうまく言葉にしていなかった感覚はどういうものであり、それはなぜかである。

近年、ビジネスの分野を中心として、人が組織において意見を活発に発言するための条件として「心理的安全性」という概念が注目されている。上司と部下などには権力関係が存在するが、その中で自分が何かを言うことで否定され、攻撃されないという安全が確保されたり、意見やアイディアが引き出される状態である。今回の実践者たちも、共通して「相手が安心する関係性」という表現を使い、当事者たちに安心をもたらすには、「信頼関係」がいると語った。

一方で、「安心をもたらす関係性はどういうものか」、「信頼関係の信頼とはどういったものか」というさらなる問いかけの中で、実践者たちは、安心や安全と表現される関係だけではない彼らが築いている相手との関係のありかたが言葉になっていった。

その中で注目できるのは、今回、執筆した実践者たちが、一般的には、「支援職」と呼ばれ、誰かを支援することの「専門性」を有するとされる人たちであるが、実践の中での関係性として語られたのは、支援と被支援の関係性ではなく、「対等」という言葉であった。例えば、助産師の藤田は、「『支援される人と支援する人』『主体と黒子』という言葉でイメージされる力の差があるということではなく、産むのは産婦で支えるのは助産師なのですが、そこにはかならず対等な関係があるのです。むしろ、対等な関係がなければ、産む人を支えられないし、産む人が主体にならない」と述べている。また、多くのいわゆる支援専門職の人たちが、「支援職だけど、私自身が支えられている関係性」と語るし、大学教員たちも「子どもたちや学生たちとともに学んでいる関係性」と表現する。

このことは、体験を通じてその場にいる誰かが発する言葉に耳を傾け、言葉を通じて私たちの社会に拓いていく実践は、協働作業であり、実践者たちが築く関係性は、いわゆる「専門家と非専門家」といった上下の力関係だけではないことが読み取れる。既存社会で専門職であることには、当事者との間に避けられない力関係が存在する。臨床や教育といった相手を支えたり、教えたりすることが前提として求められる場で出会い、相手からの「支えてもらえる」期待もある。そうした現実の中で、実践者たちによる実践の中には、個々の相手に対して「支える / 支えらえる」や「教える / 教えられる」だけではない関係性をつくることの「専門性」が存在することが示唆される。

では、そうした関係性とはいかなるものだろうか。今回の実践者たちが言語化した関係性をヒントに考察してみたい。

2 委ねる関係性

助産師の藤田は、「他者に身体を委ねる体験が、自分を拓き、言葉を生む。それが他者や社会とつながる契機にもなる」と述べる。ここでの「委ねる／委ねられる」とは、どういう関係性なのだろうか。

産婦は、文字通り、助産師に「身を委ねる」が、助産師に委ねるのは、痛みの中で自分の身体へのコントロールを手放す行為であろう。藤田が描く産婦は、出産は自分の身体に起きている出来事だから、自分一人に力でなんとかしないといけないと格闘する。自分のことは自分だけで責任を負うという自己責任論にからめとられ、こうしなくてはならない自分にだけに向き合う。猛烈な痛みの中で産婦は孤独であるし、孤独で痛みと闘う産婦は、自分に対しても他者に対しても閉じた状態である。

自分で頑張ればなんとかなる世界にいた人にとって、身体のコントロールを手放すのは、思い通りにならなさへの不安と恐怖を伴う行為である。その恐怖の中にいる産婦に対して、助産師は、身体の痛みへのケアとして、長時間にわたって腰を摩り続け、手を握って励ます。直接的に身体に触れ、ときには身体の中に侵襲する助産師によるケアには、産婦がどういう状態のときに、どこの部分をどの程度の力で、どう摩るという細かな知識や技術に裏打ちされた専門性がある。そして、こうしたケアが文字どおり産婦にとっては誰かに身体を預け、身体を拓くことへの導きとなる。

このプロセスにおける委ねる関係とは、身体をケアされた結果として産婦が「私が私に起きていることの全部の責任を取らなくていい」という地点であろう。そこから、産婦は、他者を信頼し、こうあらねばならない自分を手放す。助産師は、身体のケアを通じてその信頼に応えようとするし、この関係性がつながりをつくり、産婦の言葉を生む。

だからこそ、あなたが委ねる相手として、助産師は、産婦に対しては、「イメージは、医療者という権力ではなく、近所のちょっとお産の知識のあるおばちゃんが女性の同志として『産む女性』が孤独にならず、不安にならず、安心して産めるように見守るという感じ」で関係性をつくる。産婦から見たときに、最も安心して委ねられる人物の像を描く実践である。

この委ねる／委ねられる関係性は、けして責任を放棄するという意味ではないし、産婦が受け身になるわけではない。産婦は、助産師に産ませてもらうのではなく、自分で産むために他者に委ねる。助産師は産婦に委ねてもらうことで、産婦の主体性を立ち上げようとする。その関係性を藤田は、「対等な関係」と述べる。

3 戯れる関係性

直接的に身体への接触をともなうケアの実践ではないが、相手の言葉だけでなく身体へ介入する作業療法士は、ともに患者と散歩したり、モノをつくったりといった作業を通じて築く緩やかな関係を「戯れる」関係性と呼ぶ。

作業療法は、医療の現場で行われ、疾病の治療や回復を目的とする実践であるが、特に、精神疾患をもつ患者に提供する作業療法は、周りからは「患者と遊んでいるだけではないのか」と言われることがあると言う。しかし、作業療法士は、患者と一緒に「遊ぶ」ために、一人ひとり興味も指向も異なる患者が、楽しいと感じる作業を見つけ出し、その時間に没頭できる環境をつくる。

そもそも自分は何が好きか、何を楽しいと感じるがわからない患者も多い中で、実践者としての作業療法士は、患者の言葉を聴きながら、身体を見ながら、何をすればよいかを考え続けている。相手が本当に楽しいのか、それとも、楽しそうにしているだけなのかに対して意識を向け、身体の反応に注意を払う。そして、一緒に楽しい時間を持ちながら関係性を築くためには、いわゆる権威のある「医療専門職」らしい雰囲気ではなく、「近所のお姉さん」くらいのスタンスでかかわりを持つと言う。戯れるためには、相手が権威やコントロールを感じない関係性が必要だからである。

作業療法士にとっては、作業である「遊び」とは、何かを目的としないで、それを行うこと自体が面白かったり、楽しかったりすることに意味があるし、モノを介する作業によって実践者と患者は、おどける、じゃれあう、笑い合うといった行為の中で戯れる。患者は、他者と戯れる中で、相手の期待に応えないという関係のありかたを体感し、他者に対する緊張をゆるませる。そして、自分がしたいこと、楽しいと感じることに意識を向ける。

実践者にとっては、患者と戯れるのは、患者をそのまま受け入れ「相手をどうにかしようとしない」実践である。黒岩は、「本音を語る」という表現をするが、こうした関係性が、患者が誰かとつながるための言葉を生む可能性を秘める。

4 ゆるぎあう関係性

日本語教育の実践者である佐野は、ウクライナの子どもたちの絵を見た後に自分、小学生、留学生の間に起きたことを「ゆるぎあい」と述べる。「すべりことば」は、滑り落ちてしまう、流れてしまう「ことば」であるが、ゆるがす「ことば」は、そこに居続ける。流れ落ちないで留まるから、そこにいる人をゆるがす。ゆるがされた聴き手は、ぐらつくし、動揺するから、なんとかしようとする。佐野は、そのように、ゆるがし、ゆるがされた人たちに向けて「どうしてか」を問いつづける。ゆるぎあいの関係の中から「わたしたちのことば」がうまれる萌芽を感じるからだ。

戦争や平和のことを真剣に語る場は難しい。誰かが何かを言えば、誰かが傷つくかもしれないし、その場が争いの場になる危険もある。一人ひとりの価値観や政治的な立場も異なるから、その場にいる人たちが、どこから対話を始めてよいかもわからなくなる。だからこそ、多くの人が体験のリアリティや気持ちを言葉にすることを避けがちになるし、とりあえず、それっぽい正しいことを言おうとする。しかし、「戦争はダメだ」、「平和は大事だ」という正しいことを言い合って共感するだけでは、戦争や平和はいつまでも誰かの問題でとどまるし、わたしたちの問題にはならない。

佐野にとっては、対話に向かうためには、ゆるがす「ことば」が必要だし、ゆるぎあいの中で築かれる関係性にこそ、その場にいる人たちが「わたし」の「ことば」を社会に拓く期待がある。そして、「ゆるぎあい」への期待には、「ゆるがない」関係性のありかたへの否定感も感じられる。「遊び」がなく、「ゆるがない」のは、他者とのかかわりによって自分が変わることへの拒絶であるからだ。

しかし、相手の「ことば」にゆるがないところには、問いが立ち上がらないし、個人の変容も期待できない。佐野は、日本語教育を行う実践者、そして、専門家として日本語の「ことば」をうまく使えない人たちのゆるがす

「ことば」に自分もゆるがされながら、ゆるぎあう関係性の可能性を見る。

五
つながり、他者と生きていくために

1　身体について

以上のように、異なる分野にいる7人の実践者たちによる実践の記述や語りを手掛かりに、彼らの実践の中にある技や「専門性」について考察を試みた。今回、考察してきた「専門性」とは、それぞれの分野でこれまでに蓄積されている既存の科学的な知識や理論をどれだけ広く、深く理解し、具体的な実践の場において的確に応用できるといった専門性とは異なる「専門性」である。この「専門性」は、実践者たち自身もこれまで自らが有する「専門性」として認識していないものもあった。

本稿では、社会の多様な場所で、誰かの体験に耳を傾け、個人が社会に拓かれる場をつくる人たちの信念や実践の技を考察することを目指した。その試みは、現在、多様な場所で実践する人々が自らの「専門性」を相対的に捉えなおす意味だけでなく、私たち一人ひとりが、現実社会の中で、他者とつながり、ともに生きていくために大切なことについての示唆を与えるものでもある。

そこで、本稿の最後に、本書が目指した言葉を通じて他者とつながり、自分と世界とをつないでいくために何が必要なのかについて、これまで考察してきた個々の実践者たちが各々の現場で有する「専門性」や対人関係の実践者として共通する「専門性」を通じて述べてみたい。

世界中に広まった新型コロナは、私たちの社会にオンラインで語る可能性と課題をもたらした。対面でなくてもできることや対面でなくてはできないことに関する議論が積極的に行われ、それまで当たり前であった対面でのコミュニケーションの意味を改めて捉えなおす機会にもなった。

その中でも、対人関係の実践に関わる人々の多くは、なんとなく「対面でなければできないことがある」と感じている部分があり、オンラインでのコミュニケーションが広まる中で、それが何かについて議論し、発信しようとしてきた。これらの議論の前提には、「オンラインではダメだ」という新しいテクノロジーへの抵抗や否定感ではなく、相手とのかかわりの中では、オンラインではできない部分があり、対面だからこそできる実践の価値を伝える必要性という問題意識がある。

一方で、多くの実践者の中には、それが何かについては、うまく言葉にできないことの葛藤がある。オンラインでの実践における「これでは、なんとなくできない」という感覚は、新しいコミュニケーションのツールをうまく使いこなせないからではなく、そのテクノロジーではうまくいかないと感じる部分である。今後、さらなるコミュニケーションのテクノロジーが発展し、実践者たちがその技術を新たに学び、洗練させるだけで解決できる事柄ではない。

そういう意味で、今回、異なる分野の実践者たちが、協働作業を通じて自分の実践を言語化していく中で紡ぎ出した「委ねる、戯れる、ゆるぎあう」といった相手との関係性のありかたは、対面の意味や価値を考える上で、非常に重要である。こうした言葉で表現されるありかたや関係性が、身体と深くかかわりあうからである。その場にいる人たちが身体を通じて築く関係であるからこそ、そこに身体があることが必要になる。

オンラインでのやり取りが孤独感を簡単には埋めないことについては、すでに多様な分野で研究があるし、多くの人々の実感でもあろう。毎日、オンラインで話していても、その場では、そこにいる人と深くつながれないと感じている人は多いはずだ。その中で、実践者たちの「専門性」は、記号としての言葉を語るだけでは、自分を拓き、他者とはうまくつながれないことをあきらかにしている。一方で、そこに身体がある実践の可能性は、委ねたり、戯れたり、ゆるぎあったりする中にあることが考察できる。実践者たちは、意図してこうした関係性を築いているし、自分、かかわる相手、モノや場へと意識を向けている。そして、そのためのプロセスや場をつくる方法に各実践者の分野における「専門性」が存在する。

2 正解から問いへ

そして、こうした関係性の構築を含めて、実践者たちの「専門性」は、既存の理論を知り、技法のためのマニュアルを読むだけでは得られない。実践の中で自分のやっていること見つめ、常に相手との関係の中で、「なぜか」を問う力が求められる。

実践がうまくいかない理由をスキル不足に求めると既存のマニュアルに頼りたくなる。多くの人が「～の方法」という言葉に魅了されるのは、「方法や技法を知れば、できるようになる」と期待するからだ。「もっと知識を身に着けたらできるようになるはずだ」という信念も、どこかにある正解を目指す世界観である。誰かの体験を聴き、言葉をともに紡ぐ実践に正解はない。その実践が、唯一の正しさや何かの問題の解決方法を求めるための営みではないからだ。だからこそ、実践においては、どこかに正解を求める世界観が自分の中にあるのか自体を「なぜか」と問う必要がある。

今回、実践者たちが記述したのは、それぞれの現場において、誰かが言葉にならないものを言葉にしようとするための協働である。臨床や教育など、何のために実践するかの目的は分野によって異なっていても、そこには対人関係の専門職における共通項として「問いかける」という「専門性」が存在する。その専門性は、技法としての「問いかけ方」だけではなく、「聴く」、「待つ」といった実践を含めて、他者とのかかわりのありかたであり、関係性のつくり方であった。

翻って、私たちは、社会の中で、どれだけ言葉にならないものを言葉にするために誰かに問いかけているだろうか。「教える」という行為では、一般的には、すでに正解のあるものに対して、「あなたが正解をわかっているかどうか」を問い、「あなたが正しいことができるかどうか」を評価するために問うことが多くなる。そうした中で、実践者たちの持つ「専門性」は、正解を知っている人が知らない人に「教える」ことではない。実践の場において、誰かに対して、そして、自分自身にも「なぜか」と問いかけ続け、そこから紡がれる言葉が個人の変容をもたらすものである。そのために一人ひとりが社会の中で、教えたり、教えられるべきは、自分に起きたこと、本当に思っていること、自分がしたいことは話してもいいし、それは聞いてもらえるという世界のはずだ。

3 最後に

本稿では、7人の実践者による実践の記述や語りを手掛かりとして対人関係の「専門性」に関する考察をすすめてきた。その記述は、わずか7人の実践であり、実践者たちである著者たちが、「私に何が起きているのか。なぜ、私はそれをやるのか」に向き合ったものである。科学の世界では、主観はできるだけ排除し、客観性が高く、誰にでも応用ができ、再現性の高いものが価値とされる。しかし、本稿では、そうした意味での客観性を高めるだけでなく、一人ひとりの主観や内面に徹底的に向き合う試みによって見出され、言語化することができる独自性があり、「専門性」があることを示そうとする試みでもあった。

その「専門性」の中には、実践者たちにとっては、なんとなく感覚でやっているから、うまく言葉にならないと思っていたものもある。しかし、今回、執筆した実践者たちの有する「専門性」は、他者とともに言葉を紡ぐ営みの中で、誰かが言葉にならないものを言葉にし、他者とつながり、社会に拓いていく可能性を秘める。だからこそ、本稿では、その「専門性」は、分野を超えて、さらには、普遍的に人が他者と生きるための示唆があることを論じてきた。

背景には、今、分断と孤立が進む社会において、日々、患者、クライアント、学生といった多様な当事者にかかわり、つながろうとする対人関係の専門職の人々が、自分の実践からその意味や価値を見出すという願いもある。日々の困難にぶつかる中で、自分への自信の拠り所となるのは、「私の体験」であるはずだからだ。かかわる当事者が体験を語る実践とともに、私たち実践者もまた、自らの実践の体験を言葉にする必要がある。そこにこそ、一人ひとりのエンパワメントと社会にその価値を伝えるという意味もあるはずだ。

今回の協働のプロセスでは、実践者たちは、「多くのかかわりの事例がある中で、現実はそんなにすべてがうまくいくわけでない」という実感を語っている。そこには、個別の事情や理由も、環境の制約や課題もあるし、個人の力ではどうしようもないことも多い。しかし、一人ひとりの実践者には、「それでも私が忘れられない事例」があり、私たちは、その実践の体験を記述しようとしたし、そこから希望を見出そうとした。その挑戦は、私たちがつながり、社会に拓かれていくためであり、そうした場が、今後も社会のいたるところで生まれることに未来の可能性を描きたいと思う。

参考文献

早稲田大学平山郁夫記念ボランティアセンター編（2017）『体験の言語化』成文堂

「人とかかわる」実践者の「専門性」
―実践をことばにする、拓く―

佐野香織

一 はじめに

1 本書執筆陣の「専門性」

本書で「ことば」にしてきた事例の専門分野は、HIV 陽性者ピアサポート、障害者就労支援、作業療法士、DV 被害者支援、助産師、大学生ボランティア教育、大学留学生日本語教育という、多様な、異領域・異業種・異職種における実践である。しかし、一方で、「人とかかわる」という実践を大きなくくりで見れば、ある共通項を持った「専門性」[1]が見え隠れする。編者には「これらの実践における語りには、異領域・異業種・異職種であっても共通するものがある」という実感があった。

編者が本書の執筆陣と話をする中で最もよく話に出てきていたのは、「自分の実践上の感覚だから言葉では言い表せない。言葉にできない」ということや、「これまでの経験での勘や自分の想いでやっていること。これを人に伝えることにどのような意味があるのか」ということであった。執筆陣には、執筆陣がかかわる人の「自分のことば」を引き出すこと、ことばにする手法やあり方の重要性を見出している執筆者もいる。一方で、「自分の信念、経験の中から得て、そして実践の軸になってきたことは「専門性」であるのか。科学で裏づけられた知識でもないから専門職の資格試験の問題にもならないし、本書に書く意味があるかどうか分からない」、そのような迷いを持つ執筆者もいた。

これは本書の執筆陣だけに見られることではない。先日、障害を持つ子どもの放課後デイサービスでの子どもの行方不明に関する報道において、職員不足、職員の資質・能力の育成に課題があるというものがあった[2]。報道の中では、「職員の障害に対する知識に課題がある」、「経験の積み重ねで行っているに過ぎない」という指摘がされていた。ここでいう職員に必要な「知識」とはどのようなものなのだろうか。「経験の積み重ね」から培ってきた「知識」は障害を持つ子どもの放課後デイサービス職員が持つべき「知識」には入っていないのだろうか。障害を持つ子どもの放課後デイサービス職員も、「人とかかわる」実践をしていると考えられるが、職員に求められる「専門性」とはなにか、「専門性」に必要な「知識」とはなにか、「資質・能力」とはなにかを問わずに課題が考えられていることが窺える。

2 実践者の「専門性」

本書には異領域・異業種・異職種の個々人の「専門性」に基づく実践の記述がある。「個人」の実践に焦点があたっているようだが、実践は一つ一つ独立してあるものだけではない。「人とかかわる」実践者は、同僚、他の「人とかかわる」実践者ともかかわり、ともに生きていく社会を拓いていく実践をしているのだと実感する姿勢をどこに見出していけばいいのだろうか。いわば、共同性をもった個々人、共同性の中にある個々人の「専門性」を見出す方向性である。

実践者の専門的知識のあり方を探究してきたショーン（1983/2007）は、こうした実践者の「態度」は専門的知識を、①大学などにおける科学や学問といった「アカデミックな知」と、実践者の「言葉にできない実践から得た知、〈わざ〉」とに無意識のうちに二分してしまうこと、②これらは対等な知ではなく、「アカデミックな知」のほうが実践者のことばにできない〈わざ〉のよりも価値ある優位なものであり、この知を応用し適用したものが「人とかかわる」専門職の実践である、といった考え方に実践者自らが貢献してしまっていることを危惧している。実践者のことばにできない〈わざ〉は、非常に特殊な、経験と努力で培われてきた職人わざの中から瞬間的に現れる瞬間芸というべきものであり、誰もが学び習得することはできない、「アカデミックな知」とも一線を画するものである、という考え方もある（秋田1996）。

ショーンの危惧は現代にも残る古くて新しいものである。実践者の「人とかかわる」実践は「アカデミックな知」の個人的応用・適用に過ぎないのだろうか。それは「アカデミックな知」と対等で重要な「専門性」と考えることはできないのだろうか。

本章では、この「人とかかわる」実践からその「専門性」を考え、学び、生きていくために、「人とかかわる」実践者が実践を「ことば」にする意義を明らかにしたい。そして、これらの「人とかかわる」職にある人が実践を「ことば」にし、対話していくことがそれぞれの専門分野から、「社会に拓く」ことにつながっていくことを論じる。

まず、なぜ「人とかかわる」実践者の「専門性」が重要であると考えられるのか、「専門性」の議論から迫る。そしてこの「人とかかわる」実践者の「専門性」について整理する。従来の画一的な専門職モデルと比較した「外から」の判断によるものではなく、「人とかかわる」実践者である当事者自身が「内から」、多層的に、そして濃淡で動態的にとらえることを示す。

次に、実践を「ことば」にすることの意義を、ナラティブ・アプローチから考えていく。最後に、ことばにした実践者個人のみの学びではなく、異領域・異業種・異職種との対話を通した「鏡のホール」に触れ、「人とかかわる」実践者が社会に拓くこと、それには「焚き火」性が重要であることを述べる。

二　実践者から考える「専門性」

1 「専門職」という言葉から規定される「専門性」

ある人が、ある専門職の人（professional）であるために必要な要件の基準はどのように考えられてきたのだろうか。その要件の多くは、体系的な知識・技術を持つ医者や弁護士といった古典的な「専門職」（profession）の専門性を前提としているもので、伝統的な確立した専門職（Old established profession）と呼ばれている。または、「メジャーな専門職」と呼ばれることもある。Glazer（1974: 348）はメジャーな専門職、マイナーな専門職、という考え方を提示し、メジャーな専門職の人が身に付けている専門性の特性として、以下の4つを示した。①専門分化していること、②境界がはっきりしていること、③科学的であること、④標準化されていること、である（ショーン 1983/2007: 23）。

伝統的な専門職観が先に確立していると、他の専門職の専門性はこれらの4つの特性の有無、という観点で評価されていくことになる。そういった観点から、「遅れてきた専門職」とも呼ばれる専門職として、看護師、教師、図書館司書、社会福祉士、ソーシャルワーカー等を挙げている。また、メジャーな専門職に対し、マイナーな専門職とも呼ばれている。先の伝統的な専門職の特性と比較すると、これらの専門職には体系的な知識・技術が「ない」ことや、標準化した質を担保「できない」ことに目が行く。それは、これらのマイナーな専門職に独自の専門的知識・技術がある、と他者に確信させることができないためであるという。

しかし、こうした考え方は、伝統的専門職が専門職の「目ざすべき基準である」と疑いなく定めていることに問題がある。本書の執筆陣が書いた事例も、伝統的専門職の専門性からはほとんどこぼれ落ちてしまうものになるだろう。

また、伝統的な専門職の属性は、「技術的合理性」モデルに基づいていることにも限界があるとされた。ショーンは、技術・知識を効率的に身につけるために、科学の理論や技術に裏づけされたスキルや方法をマニュアル化し教示する姿勢や、その教えを乞う姿勢を「技術的合理性（technical rationality）」と呼び批判していた。それは例えば、問題を解決するために、その場の状況から考えていくのではなく、問題を、解決マニュアルや、その専門に依拠する理論に効率的に照らし、固定的な手段で解決を図っていくような姿勢である。しかし、このような姿勢では、今まで想定もしたことがなかった課題に直面した際、どのように対応すればよいのか途方に暮れることにもなる。近年、経済、政治、環境も不確定要素が多く、設定された問題を、理論を適用して単純に「解決」するだけでは済まなくなっているためである。

2　多層構成で考える「人とかかわる」仕事の資質・能力

このように、伝統的に確立された専門職観は、メジャー、マイナーとその専門性を序列化するものであったが、これとは異なる方向性として、専門性の多様性、多面性を重視する専門職の仕事の方向性から分析するものが出てきた（鵜沢2012）。その一つが「人とかかわる」実践の方向性から多層的に考えていくものである。

今村（2012）は、学校教師の専門性についての論考の中で、教師は授業方法や、生徒の学力向上に関する側面から見られることに偏っており、もっと教師の資質・能力を多様な側面から見る必要性を述べている。その上で、人間関係の視点を正面に据えて専門性を捉え直す考え方として、「対人関係専門職」という考え方を提示している。対人関係専門職とは、「医師・看護師・カウンセラー・介護士・ソーシャルワーカー・弁護士・教師に共通に見られるような『対人関係』を核とする職業」（今村2012: 54）を指す。対人関係専門職の幅はさらに広くとらえられており、「公民館・図書館・博物館などの社会教育施設、福祉業務を担当する社会福祉士、リハビリテーションを担う理学療法士や作業療法士、言語聴覚士、窓口で市民とやりとりを行う自治体職員、コミュニティ活動を行う市民活動団体の人びと」（三輪2023: 4）までをその範囲にとらえている。

しかし、どのようなことを大切にし、「専門性」として、対人関係専門職自身が考えていけばよいのかということについては、「対人関係」そのものの独自性として非常に見えにくいのも事実である。

今津（2012）、三輪（2023）は、学校教師の多層性の論考を参考に、教育者、保育者、看護者、介護者等の対人関係専門職の「専門性」と学びについて、図１のような層構成を考え可視化している。図１は筆者が作成したものである。

図1　対人関係専門職の専門性

資質と能力	内　容	外からの観察・評価	ハウツー的
能力	A　問題解決・課題達成の技能	易	ハウツー的
	B　専門分野の知識・技術		
	C　マネジメントの知識		
	D　かかわり合う人びととの対人関係能力		
	E　対人関係専門職観の錬磨		
資質	F　対人関係専門職の成長に向けた探究心	難	ハウツー的でない

今津（2012），三輪（2023）から援用し筆者作成

これまでは資質・能力を「知識・技術」と、「その他」と二分して考えがちであった。しかしそれでは限界がある。多層的に捉えることの利点は、「技術・知識」に基づいたものか、そうではないか、といった力量の２者択一ではなく、総合的に重なったものであると考えることができる点である。この図では、「能力」と「資質」を２つに分けて考えるのではなく、重なりで捉えていくことが可能である。そして、この６層の根底にあるＦ「対人関係専門職の成長に向けた探究心」が、Ａ〜Ｅの源泉であり、この探究心があるからこそ「専門職としての自律性が保障されるといえる」（今津2012: 66）と述べている。ＡからＦに向かうほど、「資質」的な側面が強くなり、逆にＦからＡに向かうほど、「能力」的な側面が強くなる。Ａの技能にしても、ＦからＢまでが総合的にあってこそのものである、という考え方である。

そして、体系的な知識や技術の応用・適用していく側面が強くなりがちなＡ〜Ｃでは対応できないことがあり、「人とかかわる」仕事の「専門性」には、どのような「学び」が必要であるか、ということが強く関係していく。

Ａ〜Ｃまでが強くある場合は、知識・技術の教示、マニュアルに沿った、ハウツー的な「研修」となりやすい。例えば、社会福祉士では「福祉施設における外国人労働者の受け入れ方法研修」、日本語教育では「外国人労働者

のためのビジネスマナーと日本語」のような研修を思い浮かべやすい。一方で、F〜Dを根底においた学びは、A〜Cについても表面的な知識習得だけではなく、「外国人労働者とは誰か」、「日本のビジネスマナーとは何を指すのか」等の対人関係に関する根本的な問いと検討が含まれてくる。

3 濃淡で捉える対人関係専門職としての「専門性」

図2は、図1の多層的な「専門性」のありようを濃淡で表したものである。

図2のA〜Cに偏るほど、ショーンのいう「技術的熟達者」観が強くなる。三輪（2023）は、対人関係専門職をこの「技術的熟達者」と「省察的実践者」の2つの傾向を合わせ持つことを指摘している。この傾向のどちらが良い、どちらが優れている、というわけではない。しかし、ショーンが指摘するように、これまでは技術的熟達者に寄ったほうが、客観的評価がしやすく、数値評価や外部から見た評価をしやすいということもあり、専門性もこの観点から見られることが多かった。

今津（2012）は、対人関係専門職の専門性としては、Dかかわり合う人びととの対人関係能力、E　対人関係専門職観の錬磨、F　対人関係専門職の成長に向けた探究心、これらこそが対人関係専門職としての自律を保障するものであるとしている。言い換えるならば、この3つの特性をより濃く持ち、根幹としていくことが対人関係専門職の特性であるともいえる。この濃淡の「濃さ」をどのようにしていくか、どのように捉えていくかによって、

図2　濃淡で捉える対人関係専門職の「専門性」

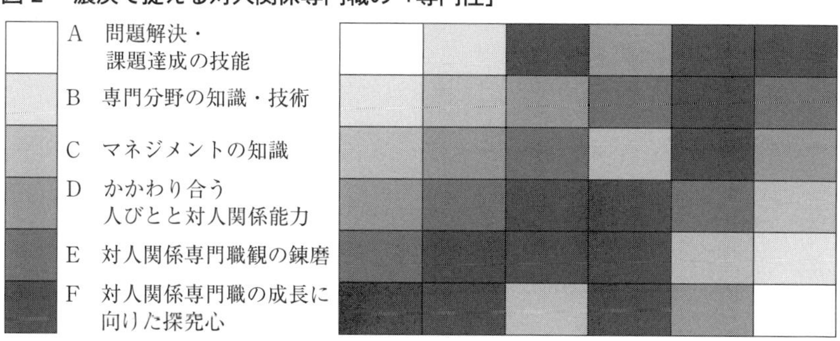

外部から規定される「専門職」に足りうる「条件」も変わっていく。三輪(2023) は、これらの特性の「学び」には省察的実践者としての学びが必要であることを指摘している。

4 省察的実践者としての「人とかかわる」「専門性」

三輪 (2023) は、対人関係専門職について、「かかわり合う人びとに知識や技術を適用して問題を解決するのではなく、相手とのかかわり合いについてふり返る (省察する) という意味で、省察的実践者であるということができる」(三輪2023: 24) と述べている。その上で、省察実践者とは、「既存の科学と技術を適用して問題に解答を与える存在ではなく、複雑に入り込んだ状況の中で実践として問いを開き、探究・研究を進めていく」人びと、と定義している (柳沢2007: 398)。

本書の執筆陣は、今津 (2012)、三輪 (2023) が挙げた「対人関係専門職」の範囲には入らないが、「対人関係」を核とする実践を行っている人々が含まれる。そのため、本稿においては、「対人関係専門職」とせず、「人とかかわる」実践者、と呼ぶこととする。

この「人とかかわる実践者」の省察的実践の学びは、F〜C までの学びとどのようにかかわるのだろうか。

例えば、「D かかわり合う人びととの対人関係能力」、を「知識」や「技術」として学ぶことも実は可能である。かかわり合う人と話をする際に、「話をし過ぎない」、「相手の話を途中で遮らない」、「否定せずに相手の話を聴く」、といったコミュニケーション・ルールを知識として先に学び、このルールに基づいて会話をする技術、スキルを磨くワークショップもある。しかし、このような学びは、「かかわり合う人びとに、コミュニケーション・ルールという知識を適用して、コミュニケーションの問題を解決する」という技術的熟達者寄りの学びにもなる。

これは、技術的熟達者としての学びを否定するものではない。対人関係専門職においても、看護や福祉の現場でも教育の現場でも、慢性的な人手不足による効率性や、目に見える数字による評価で成果を示さなければならない場面もあるだろう。しかし、問題解決の道具として、最初に、「誰か偉い学者がつくったコミュニケーション・ルールありき」、として、その他者によって作られた「正解」に最初から向かってしまうのとは異なる。

省察的実践者としての学びの場合は、実践者がかかわり合う人びとと、実践の場で話をする際に実際にある状況から「問い」を設定するところから始まる。例えば、「一対一で話す際には様々なことが話せるのに、大人数になると誰も何も話さなくなるのはなぜだろうか」という状況をふり返り、「問い」を設定するところから、この問いを拓いて探究していく姿勢が省察的実践者であろう。

この点が重要である理由は、実践には目ざすべき「一つの正解」はないからである。実践者は、実践の中で立ちあがってくる「問い」を次の実践や、社会から問われることとともに進んでいくのである。

三

実践をふり返りことばにすることと「専門性」の学びの意義
—ナラティブ・アプローチから考える—

1 実践をふり返りことばにするということ

省察的実践者として、「人とかかわる」実践者の対人関係能力、専門性職観の錬磨、探究心は、どのように学び、培うことができるのだろうか。

ショーン（1983/2007）は、大きく貫く主題として、省察的実践者の力として「芸術的なわざ」をスキルとして操作的に教えることは不可能だが、省察をするという自分で学ぶ探究のプロセスを通して力を引きだし、「専門性」としていく力量形成することはできる、というスタンスを持っている。そして、その力を一人で培うのではなく、それを支える他者とのプロセスを事例で分析してきた。そして、そのためには、省察をした実践の「わざ」をことばにしていくこと、「わざ」の言語化が重要であることが指摘されている（三輪2023）。

ここでいう「わざ」は、普段の実践で培われているものであるが、この「わざ」の言語化はなぜ必要なのであろうか。これらは通常は他の人には分からない「隠されたわざ」や、「経験に培われた勘」のように表現され、他者に「専門性」として見せる価値や必要のない「秘儀性」（ショーン 1983/2007）を帯びたものとして扱われている。このあえて「専門性」としようとしない姿勢、に警鐘をならしているのである。

「わざ」、言い換えれば自身の日々の実践は、ことばにすることで他者に拓き、公開することにつながる。しかし、ただ単純に、すべての人に向かって、自分のことをなんでも「ことば」にすればよいということではない。実践で経験したことが「言葉にならない」、「言葉がみつからない」というのは、それだけ実践者が簡単に扱ってはならない大切なものであると考えており、なにか社会に向けて新しい意味づけの生成をめざしているものであるともいえる。本書に掲載されている執筆陣の執筆内容も、執筆陣が意味づけていきたいものが見え隠れしている。

大事なことは、なぜその「わざ」を意識してこなかった／できなかったのか、「わざ」とかかわっている人やモノ・コト「ひと」や「もの」「こと」はなんであるのか、自分は何を大切にしているのか、自分の「専門性」として軸として考えていることはなにか、それは社会的にどのように考えられているのか、今後どうしたいのか、これらをふり返ってことばにしているか、ということを考える学びである。

そしてこの実践者が「ことば」にしていくという学びは、ふり返りをしている実践者自身だけでなく、同時に他者にも向かって問うていることにもなり、さらに広げるならば、社会にもその考えを拓き、発信している同時共有性を持つものであるのである。

2「ことば」とはなにか、「ことば」にすることの意義

本書の執筆陣は「自分の実践上の感覚だから言葉では言い表せない」「言葉にならない」ということが通底していることを述べてきた。執筆の段階では言葉にしているつもりだが、事実の列挙記述になりがちな執筆陣も多かっ

た。または、「こんなことを言葉にする必要があるとは思いもよらなかった」という無意識もあっただろう。そこには、自分の表現を「言葉」と考えられているものでは表すことが難しい、という想いが入っている可能性もある。しかし、実はこの「言葉に言い表せない」「言葉にならない」「言葉にすべきことに気が付かない無意識」を「ことば」にすることが「人とかかわる」実践者である執筆陣の「専門性」につながるのではないだろうか。

実践の執筆事例には、「言葉」に関する記述が多くある。「自分の言葉で語る」、「言葉を引き出す」（兵藤事例）、「自分の中から言葉を取り出し、「私」を主語に語り始める」（千野事例）、「意志の表現・言語化」「自分にとって仕事とは何かを問い「ことば」にする必要性」（石丸事例）、「心が開き、言葉が生まれる」（加藤・大島事例）、「「わたし」のことばをつくる」「「わたしたち」の「ことば」として社会に拓く」（佐野事例）、「モノを介して「本音」を引き出す」（黒岩事例）、「身体をケアすることにより、言葉になっていなかった産婦の言葉を引き出している」（藤田事例）、などである。

佐野事例にもあるように、「言葉」「ことば」をどのように考えるか、ということは非常に重要である。それは、「ことば」はさまざまな意味を持っており、私たちは日常生活の中で、使う人、相手、文脈によっても異なる定義で用いているためである（佐藤2017）。本章では、アート的なもの、辞書の定義も含め、最も広義に幅広い意味を持つものとして「ことば」と表記する。しかし、執筆陣、引用文献で使われている表現は、そのまま原典と同じ表記を用いる。本書で出てくる「言葉」「ことば」も、漢字の「言葉」とひらがなの「ことば」を執筆陣の実践の中でそれぞれ多様な意味をもって使われている。それは、それぞれの「人とかかわる」実践者としての「専門性」をどのように考えているのか、ということにつながっているためである。

例えば、兵藤事例では、取り組んできた「体験の言語化」（早稲田大学平山郁夫記念ボランティアセンター（編）2016）の授業における大学生たちの言葉のなさと語れなさを取りあげている。ここでの「言葉」は、「すでにある誰かの言葉をなぞるのではなく、自分の中に湧き上がる言葉」を探し、引き出すことに注力を注いでいる。この「言葉」には、「話す」だけでなく「書く」ことも実践に入っている。兵藤は、あくまでも社会の中で流布する抽象的な概念の「学術」の言葉を簡単に借用するのではなく、「自分を問い、社会に対峙することで紡ぎ出した」言葉を学生にかかわりながら引き出すことに注力している。つまり、「人とかかわる」ことを通して個人の体験を社会に位置づけ、社会で共有できるものとして「言葉」をとらえることに兵藤が軸を置いて実践していることが分かる。

黒岩事例では、作業療法において、作業を通してかかわる患者の「本音」を引き出す。そして「言葉」による「本音」よりも、塗り絵やゲームの作業で「人とかかわる」ほうが「本音」に近づきやすく、嘘が混じる「言葉」よりもよいとの記述をしている。また、藤田事例では、助産師が妊婦に手をあて、さするというケアを通して、「言葉」にならない言葉を引き出している。このように実践事例を見ていくと、それぞれが「人とかかわる」中、自分が考える「専門性」に軸足をおいて、個々のそれぞれの意味で「言葉」の実践をしていることが浮かびあがる。

「言葉」は、「ことば」を漢字にした和語である。辞書によれば、「言葉」とは、

1　人が声に出して言ったり文字に書いて表したりする、意味のある表現。言うこと。
2　音声や文字によって人の感情・思想を伝える表現法。言語。
3　文の構成要素をなす部分。単語。また、語句。

（『デジタル大辞泉』）

と定義づけされている。本書の事例で使われている「言葉」の使用には、この辞書の意味で使われているものと、これとは異なる意味や表現として使われているものがあることが分かる。石丸事例にあるように、「言葉」にすることができない、の意味は、辞書の定義のような「言葉」にすることは難しい、という可能性もあるだろう。本書の執筆陣は、「言葉」を広い定義で使用しているのである。

実際、方言、標準語から、ボディランゲージ、音、音楽、アート的なものも含んだものを「言葉」としてとらえている論考も多い（山西2016）。

佐伯（2017）は、人間は記号としての文字や数字の発明以後、分析的思考・論理的思考が早い速度で進み、科学・技術文明の発展を果たしてきたが、一方でそれまでの大切にされてきた身体感覚、イメージ等の「絵的」シンボルが忘れ去られてしまったと指摘している。そして、人間の「ことば」の中には、身体性、イメージ性、全体性を大切にしたものがあるとし、これを「かかわることば」と呼んでいる。また、「厳密で、論理的で分析的な思考の媒体としての「言葉」」（佐伯2017: 214）を、「かかわらない言葉」としている。

実際には、「かかわることば」と「かかわらない言葉」を厳密に区別することは難しい。しかし、「人とかかわる」実践を行う人の「専門性」には、前者の「かかわることば」が色濃く用いられているといえるのではないだろうか。

細川（2021）は、「言語」、「言葉」、「ことば」を以下のように整理している。

言語＝論理的な思考の表出したもの
言葉＝思考から言語へのプロセス
ことば＝身体の感覚、心の感情、論理の思考の表出過程

（細川2021: 196）

細川（2021）は、経験をことばにしていくことを表現活動とし、この表現活動を行う意義は、自分のために行うものでありながら、相手に問うことでもあり、同時に社会へ向けて発信する行為であると述べている。それは、「人が感じたこと、思ったこと、考えたことを他者に向けて表現するという行為は、その身体に由来する感覚、心から出た感情に支えられて具現化すること」であるとしている（細川2021: 133）。

このことは、兵藤の論考における指摘にもつながる。「委ねる」、「戯れる」、「ゆるぎあう」という本書の執筆陣が実践の中で紡ぎあげた「ことば」

は、まさに佐伯（2017）のいう「かかわることば」であり、細川（2021）のいう「ことば」であると考えられる。身体性につながった関係性のプロセスを築くことを「ことば」として具現化している。そして、自分たちの実践における「専門性」を自らにも、相手にも問いながら、社会に発信しているのである。

この自分の実践や経験をことばにしてふり返り、話をする、話を聴くことが、なぜ「人とかかわる」実践者の「専門性」や、社会に発信する意味のあるものにつながるのだろうか。次に、科学的な裏付けのない「人の語り」を学びと考える認識論的背景を持つ、ナラティブ・アプローチを取りあげ、考えていく。

3 ナラティブ[3]とナラティブ・アプローチの社会的機能

本書の事例には、7つの対人関係専門職の実践が入っている。それは、HIV 陽性者ピアサポート、障害者就労支援、作業療法士、DV 被害者支援、助産師、大学生ボランティア教育、大学留学生日本語教育、と多様な経験、実践、省察をことばにしたものである。実は執筆者が執筆するまでのプロセスは多様である。編者との対面の対話を繰り返しながら書いたもの、執筆者同士が対話を繰り返したもの、メールや SNS でのやりとり、オンラインでの対話、対面での対話、と書くまでの時間を重ねたもの、等である。

これらはすべて、広く「ナラティブ」ととらえることができる。ナラティブは、語り、物語を意味し（野口2018）、「複数のことばで紡がれた経験談や人生物語」（北出ほか2021: iii）とされ、「ことば」の力に注目するものである。

こうした考え方は、社会構成主義（social constructionism）（ガーゲン2023等）の流れに影響されたものである。この考え方は、私たちが生きる現実はことばを介した人々の共同作業によって成り立っている、という「ことばは世界をつくる」認識を持っている。人はことばによって物語を生きている。ことばを信じ、ことばでなんとか現実を理解したり、ことばでその現実を描いたりする。この考え方においては、本書の執筆陣は、筆者も含め自分自身の実践や経験を、「ある物語」として理解し描くことで、かかわる他者の理解を深め、自分がこれまで実践してきた中で大切にしてきたこと、これからどうありたいか、どうしたいのかということを考えつなげてきたといえる。

ナラティブは多分野に広がる概念であるが、対人関係専門職の「専門性」を考える際には、その社会的機能の側面が重要となる。それは、ナラティブは社会における現象を理解するために注目するものであり、現実の分からなさ、混迷さにまとまりと輪郭を与え、理解可能なものにするという機能を持つためである。こうした機能面から、「ナラティブ・アプローチ」という概念が生まれた。ナラティブ・アプローチとは、「ナラティヴという概念を手掛かりに現象に迫る方法の総称」（野口2009: 18）である。

例えば、黒岩の作業療法士の事例で考えてみたい。黒岩は、作業療法士として行ってきたことを編者と対話をする中でその行為の「専門性」に気づき、塗り絵などの「モノ」や「ちょっと外に空気を吸いに行く」「散歩する」行為を「ことば」として介することへ意味づけし、遥さんとの「物語」として記述している。読み手は、作業療法士の「専門性」をこの物語を通して理解することができること、さらに遥さんについても異なる面から理解することができる可能性がある。私たちは、「作業療法」やそこに通う人々に対して社会にすでに流通しているナラティブに大なり小なり影響を受けている。ステレオタイプはこうしたところから生まれる。黒岩のナラティブは、黒岩自身の「専門性」の学びにつながり、さらに既存のステレオタイプなナラティブに抵抗したり、考えを変えるきっかけの学びとなる可能性もある。

この黒岩事例における、「社会で一般的、支配的に考えられていること」は、ドミナント・ストーリー、またはマスター・ナラティブと呼ばれている。ステレオタイプ的に意味づけされている場合は、否定的な側面に紐づくドミナント・ストーリーと理解されることもある。そして私たちはこのドミナント・ストーリーに支配されていることに気が付かないことも多々ある。

こうした枠組みに抵抗するナラティブは、オルタナティブ・ストーリーと呼ばれている。本書の執筆陣が「ことばにする」という執筆事例は、その一つ一つが、この「思いこみ」に抵抗し、既存の枠組みを壊していくナラティブ、オルタナティブ・ストーリーになる可能性を見出せるものである。オルタナティブ・ストーリーは、抵抗するだけでなく、社会を支配しているドミナント・ストーリーを書き換える機会にもつながる。

本書の加藤・大島事例は、執筆陣が当事者としてかかわるHIV陽性者ピアサポートの実践の様子をインタビューという形で描いたナラティブである。「HIV陽性者の支援団体で行われている当事者のピアサポート活動ではどのようなことが行われているのか、そこで何が起こっているのかを明文化することで、ピアサポートプログラムがどのようなものであるかを広く知ってもらい、ファシリテーターの専門性と技術について実践を記述する」ことを目的としている点で、「自分の実践上の感覚だから言葉では言い表せない」というドミナント・ストーリーを越え、あまり知られていないこと、少数派の小さな声を掬いとり社会に響かせるという、社会に発信することをめざしているといえる。少数派をエンパワメントするという、ナラティブ・アプローチの役割でもある。

このように、本書の事例も多岐にわたる対人関係実践者のオルタナティブ・ストーリーがある。これらは一つ一つは小さなナラティブかもしれないが、このようなナラティブが影響しあいながら「社会的現実」をつくっているのである（野口2018）。

四
個人の省察的実践を他者、社会に拓いていく意義

1「鏡のホール」

前章で取りあげたナラティブ・アプローチにも課題がある。それは、社会発信をめざしているとしても、「個人」の中に限定されるものなのではないか、というものである。オルタナティブ・ストーリーは、物語る個人のストーリーとして扱われ、個人の中でその課題を受け取り、理解していく「個人的な適応能力」を高めるものとしてとらえられる可能性がある（野口2018）。

このような姿勢のみであれば、本書も、それぞれ別の分野の、異なるナラティブを個々に読み、個々の文脈での問題やドミナント・ストーリーを見るものとなる。しかし、社会構成主義の考え方に通底している「社会に拓く」ことはどのように考えたらいいのだろうか。

ショーン（1983/2007）の事例から考えてみたい。ショーンが取りあげてきた事例は、ある場面の一場面を実践者とは異なる外部の観察者、研究者が切りとったものであった（ショーン1983/2007）。その一場面を分析・考察するということは、実践を「外側から見る」姿勢であるといえる。このような姿勢は、ショーンの研究は自らの実践を描いていない、実践者としての研究ではないという批判も招いてきたという（柳沢2007）。しかし、ショーン（1987/2017）では、実践者として自らの実践をことばにし、他の異領域の実践者も交えて協働省察、対話をする、というこれまでとは大きく異なる方向へ向かっている。

ショーン（1987/2017）は、実践者が、専門分野を越えて協働省察、協働探究し、対話を重ねていくことを「鏡のホール」と名づけ提唱した。「鏡のホール」とは、それぞれの自分の専門分野、専門職種の困難な状況における実践の中で、異なる分野間が越境して取り組み、省察を共有し対話をするイメージを「広場」「広間」として例えたものである。「鏡のホール」においては、実践を様々な側面からことばにしていく。ある実践について、実践者自身の取り組みの省察を通して、実践者の内側からことばにしていくことと、異領域の他の実践者の実践についても観察者として外側から跡付けること、これらを合わせて多重に省察し対話することを可能にするという。例えば、「鏡のホール」の中では、ともに実践を探究するメンバーが自分の実践をことばにしたこと、実践報告や記録を読んだり見たり聞いたりする中で、同時に自分自身の過去の実践に重ねあわせ、考える。ここにはさらに、異領域の他者の取り組みに、他者の視点で外側からともに協働省察しようとすることも含まれる。それは、ある実践をしたことがない人、まだ実践をしたことはないが実践をめざして考えている人、などの実践未経験者を巻きこみ、将来の新たな人による新たな実践へとつながることも考えられるものである。このような未来志向型の「鏡のホール」は、実践をくりかえしてきた人にとっても、新たな考えをつくりだすきっかけともなり、新たな考えの種まきをする「場」ともなる。

その際、実践者は実践に適用する正解を知っている者、という位置づけではない。確固とした対処法も、問題への処方箋も持ちあわせないが、葛藤し、失敗をくりかえしながら実践を行う者として存在している。このような、相互的に実践を協働省察し、対話を行う「鏡のホール」では、協働探究者との学び合いを多角的にとらえ、自分の視座を個人、組織に所属する者、さらにより広く社会へとその都度変えながら、自らの「専門性」を動態的に培っていくものであると考えられる。

2 社会に拓く「専門性」

前掲の図1では、「対人関係専門職の成長に向けた探究心」があるからこそ「専門職としての自律性が保障されるといえる」（今津2012:66）ということが源泉にあることが表されている。これは「人とかかわる」実践者個人の学びの図であるともいえる。

個々の人にかかわり合う個人の実践が源泉であることは重要である。しかし、この個人の実践だけでは限界があることも分かっている。本書の執筆陣に「社会に拓く」ことが通底していることからも分かるだろう。それはなぜなのか。

個人で省察的実践者を志向する場合、他者が何も疑問に思わないことでも、その人が実践の文脈において「問題である」と感じたことを問題として取りあげ、疑問を投げかけ、そこから省察を重ねながら実践を行う意味を再フレーム化し学んでいく。しかし、それは、組織や機関、社会ではかえって大きな葛藤やジレンマを表面化し、大きな問題に発展することにもなると指摘されている（ショーン1983/2007）。

例えば、教育機関を例に考えてみたい。大人数のクラス授業では一人一人の多様性に向きあい、すべての学生の個性に応えることは無理である、と切り捨てることもできる。しかし、そこに「問題がある」と疑問を投げかけていくことで、授業の現状を変革していくことも可能ではある。だが、こうした問いなおしによる実践が一人の発案である場合、時に教育機関のカリキュラムやコース全体のあり方の変更を迫る教育機関全体の「やっかいな問題」「やっかいなことを言い出す人」として扱われ、切り捨てられる可能性も捨てきれないのである。

また、問いや問題設定をすることができても、実践をことばにすることで何が起こるのか分からない恐怖、ことばにすることのつらさ、葛藤やジレンマを表に出すことで周りの人間関係が変化する戸惑いも存在する。

本書執筆陣にあった「自分の実践上の感覚だからことばでは言い表せない」という想いや、「これまでの経験での勘や自分の想いでやっていることを人に伝えることにどのような意味があるのか」ということは、共通項という名のドミナント・ストーリーになっていたのではないだろうか。つまり、「人とかかわる」実践者自身も、社会一般的にもそのように考えている支配的な考え、当たり前の枠の中に入っており、一人でも集団でも捉え返しができない物語となっている可能性である。ドミナント・ストーリーは共感を得て共有しやすいものになるが、しかし逆にそこから抜けだせずに悪循環をくりかえすこともある。「人とかかわわる」実践者が実践の中から紡ぎ出す「専門性」が、「現場の実践には非常によいこと、しかし専門性とは呼ばれないもの」として声もなく埋もれていく。私たちはこのことを無意識の前提としていることはないだろうか。

だからこそ、この悪循環をくりかえさないためにも、個人から協働の実践へ、異領域・異業種・異職種間での対話、個と個が集積した構造をゆるやかにつなぎながら、社会変革をエンパワメントする実践をめざす必要があるのである。柳沢（2017）は、ショーン（1983/2007, 1987/2017）から、「自らは省察的実践ができても、次の世代の挑戦を支えることができない状態から出発し、相手の取り組みを捉え、自らの働きかけの作用を捉えかえし、省察的に学習を支えていく力を培っていく段階、さらにそれを意図的に組織していく段階」が見えてくると述べている。「人とかかわる」実践者が実践の中から「専門性」を紡ぎだすことを「学び」ととらえると、個人がそれぞれ所属する専門領域・専門業種・専門職に軸をもって、このような学びをことばにし、職場や組織、社会に拓いていこうとする方向性が重要である。

五 おわりに

1「専門性」を広く拓く

本章では、「人とかかわる」実践者の「専門性」を、自身の実践の中から「人とかかわる」ことを「ことば」にする、社会に拓く、これらに軸に置いて論じてきた。そして「人とかかわる」実践者は、「知識・技術」と、「その他」と二分して考えるのではなく、図1（前掲）のように、「人とかかわる」ことに関する「専門性」を土台にして多層的にとらえること、また、そのあり方はその時々でより濃く持つ「専門性」、薄く持つ「専門性」など、濃淡で考えるものであることを示した。

「ことば」にすることは実践者の専門性を培う学びにも、次世代の実践者の「専門性」につながるものにもなり、ともに異領域・異業種・異職種を越えて協働探究をすることが社会を変えていくという勇気になるものでもある。また、「人とかかわる」実践を「ことばにする」ことは、個人の学びだけではなく、実践者間の越境的でゆるやかな拓いた関係をつくることにつながる。このことは、ハンナ・アレントのいう「複数性（plurality）」にも重なる（アレント1994）。人が社会で自由に尊重されながら生きていくには、それぞれ異なる経験、考え方、視点を持った人がお互いにかかわることが必要であり、他者との関係、相互作用を通して社会が形成されていく、という考え方である。複数の声を響かせあう「鏡のホール」での対話の実践につながっていく。

本章は、ナラティブとして自分の実践を「自分のことば」として紡ぐ機会、執筆期間を通して、執筆者－編者、執筆者－執筆者、複数の執筆者－編者の間で多様な形の対話ややりとりをする機会をお互いに持ちながら、他者に拓いて記述をしてきた。それは、佐野ほか（2021）で試みたことでもある。他者に拓く、社会に拓く、ということから考えると、「人とかかわる」実践をする人の「専門性」は、固定的・静的なものではない。自分の「ことば」を軸として目の前の人との「かかわり」をつくっていく「専門性」から、自分の専門領域、職種以外の実践者、実践をしていない人にも自分の実践をことばにし、対話をつづけることで「かかわり」をつくり拓き続けていく「専門性」まで、その時々で動態的なものであるといえる。

2 「処方箋」を出すことから、ともに「焚き火」をすることへ

しかし、一方でこのようなある意味美しい「専門性」だけではすまないことも見えている。近年、世界中で戦争、紛争や災害が多発している。「人とかかわる」実践者にも、自分の専門分野を大きく越えて「かかわり」をつくることが必要となってきている。

例えば、日本国内においても、出生率低下、人口減少から外国人労働者の受け入れが本格的に始まろうとしている。この状況からだけでも、人手不足が深刻な介護施設、病院で働く外国人とかかわり、定住外国人家族の子どもの教育、保育園、小学校等でのかかわり、など数多くの「人とかかわる」実践者の「専門性」をつないでいくことが必要となる場が挙げられる。日本で働く外国人は、「働き手」「労働者」として日本にいるのではない。一人の人間として生活し、子どもを育て、病気の時には病院にも行く。「人とかかわる」実践は、「働く場」だけ、「学校」だけ、「病院だけ」の個々で見ていくことは難しくなるのである。人が生きることには、すべてがつながっている。一つ一つの「専門性」を別個に考えていくことはより難しくなるだろう。

実際、医療・福祉の現場、学校教育現場では「多職種連携」として、「人とかかわる」実践者がともに実践をしている例も増えている。しかし、「連携」が困難な問題点や課題があるのも事実である。その理由として、1）医師などのアカデミックな知を持つ実践者に、他の実践者が遠慮、配慮をしてしまう、2）それぞれの専門には固有の「文化」があり、この文化間で抵抗や対立が生まれている、3）同質メンバー間のほうがやりやすい、等が挙げ

られている（和泉ほか2012，小田2021）。現場は立ちいかない状況にあるにもかかわらず、伝統的な確立した専門職観が信念対立を生み、連携を阻んでいることが考えられるだろう。いわば、「自分たちの「専門性」を実践におけるもっとも「正統」で「正しい」ものと考え、優位度を他の職種と奪いあうのである。「専門性」の優位を競い奪い合う、「闘い」とは異なる方向性を志向していくことが必要である。闘いのメタファーになる理由は、「専門性」を持つ誰かからの「処方箋」を欲してしまい、その「処方箋」の優位性を他職と競ってしまうことが理由の一つであると考えられる。

今後、私たちにより濃く必要なことは、より正統な正解の「処方箋」を与えられる「専門性」ではない。ともに考え、自分軸を拓き、つくり、ともにいることを続けられる「焚き火」性を持つ「専門性」である。焚き火は、集い見守る人、持ち寄って火をつくる人、黙ってそのまま火を見つめる人等多様なかかわり方が可能である。火の温かさを身体で感じ、その場にいることで、皆が「いる」という場が構築される。この「焚き火」のように、「ことば」にすることによって「人とかかわる」関係性のあり様、プロセスを対等に人々とつくりだすことのできる「専門性」である。

「人とかかわる」実践をする分野の「専門性」を考えるとするならば、自分の「ことば」を用いた関係性を構築するプロセスから、一歩進んでその分野以外の対人関係実践者に自分の分野を拓いていくことが重要である。この姿勢は、「正しく進み続ける」（right going on）」のではなく、「多様な光を当て続けること」（lights going on）」（ショーン、1987/2017:400）であるともいえる。これは、揺るぎのない正しいことであるとしてすべてのことに適用していく姿勢ではなく、自分たちの姿勢は一つの可能性に過ぎず、これを広く用いた多様なアプローチを考え続けていく姿勢を示している。そしてそれは「闘い」ではない方法を模索するプロセスでもある。小さな「焚き火」として、こうした拡がりに期待していきたい。

1　ショーン（1983/2007）は、専門職には2つの意味があるとしている。専門的職業（Profession）と、この専門的職業をする人（Professional）である。ルーネンベルクら

(2014/2017) は、専門職としての役割と専門職としてのアイデンティティという概念を混同してはならないと述べ、専門職としての役割を「その人が働く場から求められるものに基づいた、及び体系的に組み立てられた伝達可能な知識基盤に基づいた、自分自身の立場についての解釈」(ルーネンベルクほか2017: 21) とし、おかれた環境や立場から求められるものに焦点をあてたものとしている。本稿では、他者から規定される側面よりも自らが発する専門性を軸とした「専門職」という意味で用いる。この「専門職」に対する見解や自己イメージを考えるプロセスを含め、動態的に「専門性」をとらえる。

2　https://www 3 .nhk.or.jp/news/html/20240316/k10014389071000.html

3　本稿ではナラティブと表記するが、書籍や論文で使われている場合はナラティヴと表記する。

参考文献

秋田喜代美 (1996) 教師教育における「省察」概念の展開 ―反省的実践家を育てる教師教育をめぐって。『教育学年報 (特集「教育と市場」』(5)、(pp.451-467) 世織書房.

和泉典子、秋山美紀、奥山慎一郎、難波幸井、柏倉貢、冨樫清、渋谷美恵、鈴木聡 (2012)「地域における多施設・多職種デスカンファレンス参加者の体験に関する探索的研究」『Palliative Care Research』7 (2): 354-62.

今津孝次郎 (2012)『教師が育つ条件』岩波新書.

鵜沢由美子 (2012)「専門職 (profession) 研究の動向と今後の課題」『明星大学社会学研究紀要』32　明星大学人文学部人間社会学科　27-42.

小田郁予 (2021)「学校における多職種連携研究の課題と展望　―連携概念の定義と連携研究を捉える視点―」『東京大学大学院教育学研究科紀要』第61巻　353-364.

ケネス・J・ガーゲン (2023) 東村知子、鮫島輝美、久保田賢一 (訳)『関係の世界へ　危機に瀕する私たちが生きのびる方法』ナカニシヤ出版 (Gargen, J., K. (2021) *The Relational Imperative: Resources for a World on Edge.* Taos Institute Publications.

北出慶子、嶋津百代、三代純平 (2021)『ナラティブでひらく言語教育―理論と実践』新曜社.

佐伯胖 (2017)「1章　人間の発達をかきなおす：かかわることば、かかわらない言葉」佐藤慎司、佐伯胖 (編)『かかわることば　参加し対話する教育・研究へのいざない』(pp.23-61) 東京大学出版会.

佐藤慎司、佐伯胖 (編) (2017)『かかわることば　参加し対話する教育・研究へのいざない』東京大学出版会.

佐藤慎司 (2017)「序章」佐藤慎司、佐伯胖 (編)『かかわることば　参加し対話する教育・研究へのいざない』(pp.1-19) 東京大学出版会.

佐野香織、兵藤智佳、小泉香織 (2021)「「体験の言語化」の「ふり返り」を社会に拓き重ねる往復書簡と実践の跡づけによる長期重層的協働省察記述の試み」『言語文化教育研究』第19巻、2021.12 264-280 言語文化教育研究学会.
ショーン、D. A.（2007）柳沢 晶一、三輪 建二（監訳）『省察的実践とは何か：プロフェッショナルの行為と思考』鳳書房。（Schön, D., A.（1983）. *The Reflective Practitioner: How professionals think in action.* London: Temple Smith）.
ショーン、D. A.（2017）柳沢 昌一、村田 晶子（監訳）『省察的実践者の教育 プロフェッショナル・スクールの実践と理論』鳳出版。（Schön, D., A.（1987）. *Educating the Reflective Practitioner: Toward a New Design for Teaching and Learning in the Professions.* San Francisco: Jossey-Bass）.
文部科学省中央教育審議会　初等中等教育分科会（2015）「チームとしての学校の在り方と今後の改善方策について」1「チームとしての学校」が求められる背景.
https://www.mext.go.jp/b_menu/shingi/chukyo/chukyo 3 /siryo/attach/1365970.htm
デジタル大辞泉　https://dictionary.goo.ne.jp/srch/all/%E8%A8%80%E8%91%89/m0u/（2024年 3 月31日アクセス）
野口裕二（編）（2009）『ナラティヴ・アプローチ』勁草書房.
野口裕二（2018）『ナラティヴと共同性　―自助グループ・当事者研究・オープンダイアローグ』青土社.
ハンナ・アレント（1994）『人間の条件』ちくま学芸文庫.
細川英雄（2021）『自分の〈ことば〉をつくる　あなたにしか語れないことを表現する技術』ディスカヴァー携書.
ミーケ・ルーネンベルク、ユリエン・デンヘリンク、フレット・A・J・コルトハーヘン（2017）武田 信子、山辺 恵理子、入澤 充、森山 賢一（訳）『専門職としての教師教育者 ―教師を育てるひとの役割、行動と成長』玉川大学出版部（Lunenberg, M., Dengerink, J., Korthagen, F.,（2014）*The Professional Teacher Educator: Roles, Behaviour, and Professional Development of Teacher Educators*（*Professional Learning, 13*）Brill Academic Pub.
三輪建二（2023）『わかりやすい省察的実践　実践・学び・研究をつなぐために』医学書院.
柳沢昌一（2017）解説―省察的実習のプロセスと専門職教育改革をめぐるショーンの探究を追う。柳沢昌一、村田 晶子（監訳）『省察的実践者の教育 プロフェッショナル・スクールの実践と理論』鳳出版（Schön, D., A.（1987）*Educating the Reflective Practitioner: Toward a New Design for Teaching and Learning in the Professions.* San Francisco: Jossey-Bass.）.
山西優二（2016）「多文化共生とことばの教育」『言語文化教育研究学会第 2 回年次大会予稿集』45-59 https://alce.jp/annual/2015/（2024年 3 月27日アクセス）.
早稲田大学平山郁夫記念ボランティアセンター編（2016）『体験の言語化』成文堂書店.

GLAZER, N. (1974) *The Schools of the Minor Professions*. Minerva, 12 (3), 346–364. http://www.jstor.org/stable/41820214

執筆者一覧（掲載順）

兵 藤 智 佳（ひょうどう　ちか）
　早稲田大学平山郁夫記念ボランティアセンター准教授、大学生ボランティア教育実践者
佐 野 香 織（さの　かおり）
　長崎国際大学人間社会学部准教授、日本語教育者、日本語教育者教育実践者
藤 田 景 子（ふじた　けいこ）
　静岡県立大学看護学部（母性看護学・助産学）教授、助産師
千 野 洋 見（ちの　ひろみ）
　NPO 法人女性ネット Saya-Saya 理事、DV 被害者相談員
黒 岩 理 絵（くろいわ　りえ）
　精神科作業療法士
石 丸 徹 郎（いしまる　てつろう）
　ISIAL（イシアル）代表、障がい者就労支援事業者
加 藤 力 也（かとう　りきや）
　認定 NPO 法人ぷれいす東京ネスト・プログラム・コーディネーター／理事
大 島　 岳（おおしま　がく）
　明治大学情報コミュニケーション学部助教、認定 NPO 法人ぷれいす東京ネスト・プログラム・コーディネーター

ことばが紡がれるとき
—対人関係職の「専門性」を高めるために—

2024年11月1日　初版第1刷発行

編著者　兵　藤　智　佳
発行者　阿　部　成　一

169-0051　東京都新宿区西早稲田1-9-38
発行所　株式会社　成　文　堂
電話 03(3203)9201(代) Fax 03(3203)9206
http://www.seibundoh.co.jp

製版・印刷・製本　藤原印刷　　検印省略
☆乱丁・落丁本はおとりかえいたします☆

ISBN978-4-7923-6126-6　C3037
定価（本体2400円＋税）